MW01044963

Edith
Cristina
Cortés

¿Qué le ocurre a mi hijo?

Carmen Guillamón

¿Qué le ocurre a mi hijo?

Bookspan
501 Franklin Avenue
Garden City, NY 11530

Asesora técnica: Lidia Linares, psicóloga y logopeda.
Coordinación: Victoria J. Ávila.
Compaginación: Niké Arts, s. l.

© 2002, Carmen Guillamón Escusol.
© 2002, Ediciones Robinbook, s. l., Barcelona
Diseño cubierta: Regina Richling.
Fotografía cubierta: Getty Images.
ISBN: 84-7927-601-0.

Licensia editorial por cortesía de
Ediciones Robinbook, S.L., Barcelona

Impreso en U.S.A *Printed in U.S.A*

Introducción

Algunos principios básicos para una educación infantil positiva

Antes de entrar en materia queremos que tengan en cuenta algunos de los principios más básicos para conseguir una educación positiva, participativa y respetuosa. En general hemos seleccionado estos cinco principios por considerarlos los más representativos de una educación llena de posibilidades y respuestas a todos los problemas que puedan darse en el transcurso del desarrollo de nuestros hijos.

SU HIJO NECESITA SER VALORADO

Normalmente cuando un niño se porta mal, casi siempre se debe a un motivo personal. En realidad, un niño no es diferente a nosotros, los adultos. Su necesidad humana básica es ser apreciado, sentirse querido y necesitado. En más de un momento todos hemos sentido cierta falta de control sobre lo que sucedía a nuestro alrededor, una especie de impotencia, lo que nos ha hecho retroceder con rabia y frustración. También nos hemos sentido alguna vez tremendamente heridos por un desengaño o por la actuación de alguien y hemos deseado reaccionar con agresividad. Piense en esos sentimientos de ansia cuando todo da la sensación de ir mal («no sé qué pasa, pero no doy pie con bola») y su primer impulso es renunciar. Los sentimientos de rabia y frustración provocan creencias erróneas, conscientes o inconscientes, de ahí saldrá después un comportamiento no demasiado adecuado. Unos buenos padres que se esfuerzan por dar una educación adecuada o idónea intentan comprender qué sentimientos y emociones se ocultan

7

tras la acción de su hijo e intentan resolver las situaciones conflictivas, se fijan menos en el mal comportamiento y prestan más atención a sus múltiples cualidades y capacidades. Los niños comienzan a sentirse mejor con ellos mismos y empiezan a pensar y sentir algo así: «Yo también soy necesario porque contribuyo con mis esfuerzos y coopero con los demás. Y tengo el valor suficiente de equivocarme y de probar de nuevo para no sentirme un fracasado».

Y lo más importante, aprenden a manejarse con sus conflictos y sus emociones, de tal forma que reducen su ansiedad y aumentan su sensación de bienestar y felicidad.

SU HIJO NECESITA SER RESPETADO

«Te respeto. Me respeto a mí mismo» no es lo mismo que «Tienes que respetarme». Esto último se convierte en un instrumento de control, es más, en una batalla de poder. La educación respetuosa o una buena educación no supone un planteamiento de *laisser-faire* («todo está bien»), pero tampoco demasiado estricto. Por respeto mutuo se entiende establecer un sentido del orden, unos límites adecuados según la edad del niño, enseñar y mostrar con el ejemplo el comportamiento deseado, ser consecuente y trabajar con el niño con firmeza, amabilidad y comprensión. Usted muestra respeto a su hijo cuando intenta resolver los problemas conjuntamente con él, cuando toman decisiones juntos, cuando le ofrece alternativas y utiliza los errores como oportunidades para aprender. En ese ambiente el niño empieza a comprender y expresar sus sentimientos y crece con confianza, cooperación y responsabilidad hacia él mismo y los demás.

SU HIJO NECESITA SENTIRSE AMADO Y ACEPTADO INCONDICIONALMENTE

Si desea que su hijo llegue a ser una persona responsable con una autoestima saludable, no debe olvidar que, haga lo que haga con independencia de cómo se sienta, de los errores que cometa, usted siempre lo querrá. Si su cariño sólo se basa en lo que hace su hijo, cuando se porte bien se sentirá a gusto consigo mismo, pero cuando cometa un error, el miedo de no cumplir sus expectativas o de perder su amor y respeto puede hacer que se sienta muy mal e intente ocultar su acción. Su hijo debe saber que puede mostrar su miedo y vulnerabilidad sin que usted se burle de él, lo ridiculice, lo humille o lo ame menos. Es esencial que acepte los sentimientos de su hijo, lo comprenda, muestre empatía y lo ayude en su control emocional.

Es primordial que los padres se concedan un respiro ya que suelen sentirse a menudo agotados, llenos de dudas respecto a sus hijos, cargados de miedos, de sentimientos de culpa y de una gran ansiedad. Es necesario que los padres se ocupen también de ellos mismos. Realice de vez en cuando algo agradable por usted. Haga una lista con las cosas que le hacen sentirse mejor, aunque sean mínimas, como puede ser un paseo por el parque, un baño caliente y espumoso a la luz de las velas, una cena con su pareja o un regalo especial.

Tenga siempre presente que los padres necesitan sentirse bien con ellos mismos para imprimir confianza en su hijo. Se precisa una gran dosis de energía para ser un buen padre para su hijo. En los años de rebelión su hijo lo irá poniendo a prueba y usted debe sentirse confiado y capaz de establecer unos límites razonables, debe saber decir que no y ser coherente, y debe tener el valor de cometer errores. No lo olvide, cuídese y mímese.

SU HIJO NECESITA QUE USTED SEA UN BUEN EJEMPLO

Los niños imitan lo que ven y aprenden mejor en base a lo que observan. Algunos expertos proponen cuatro capacidades principales que debemos trabajar y mejorar para que, así, también lo haga nuestro hijo:

- ✔ *Capacidad de comunicación*. Una buena comunicación no sólo implica el saber escuchar a los demás sino también el saber expresarse de una forma clara. Su hijo aprenderá a escucharle cuando usted mismo muestre interés y lo escuche a él. Cuando lo mire a los ojos y muestre un interés sincero y genuino por las cosas de su hijo. Él, por su parte, aprenderá a hacer lo mismo con las otras personas. Si usted le enseña a llegar a un acuerdo, intentará hacer lo mismo con los demás.
- ✔ *Capacidad de controlar las emociones*. Cuando usted muestra un control sobre las emociones y comparte abiertamente sus sentimientos está ayudando a su hijo a que aprenda a controlarse él también. Si además lo ayuda a identificar y a manejar sus sentimientos, lo está ayudando a madurar y a convertirse en una persona responsable.
- ✔ *Capacidad de autodisciplina*. Si su hijo observa cómo respeta usted las normas de la sociedad, cómo actúa de forma responsable o experimenta las consecuencias de sus actos, también él será más responsable de sus propias acciones.

✓ *Capacidad de utilizar el sentido común.* El hecho de comentar los resultados de una equivocación sin culpar a nadie y buscar soluciones a problemas fomenta la madurez del pensamiento y la capacidad de razonar. Para que el niño se desarrolle y madure es conveniente hablar abiertamente analizando valores y decisiones y compartiendo experiencias.

Si usted tiene en cuenta estos cinco principios con la mejor voluntad posible, afrontará los dilemas normales de todos los padres con más confianza y coherencia. Actualmente muchos padres poseen los suficientes conocimientos, sensibilidad y sensatez para saber que no les interesa un tipo de educación rígida y severa, pero puede ocurrir que, sin darse cuenta, se pasen al extremo contrario, al de un planteamiento demasiado permisivo, también poco recomendable. Los principios de este tipo de educación positiva le ayudarán a permanecer en medio de ambos extremos. Poco a poco se dará cuenta de que está ayudado a su hijo a convertirse en una persona llena de recursos, responsable y respetuosa con los demás.

¿Qué significa ser niño?

Muy a menudo, cuando contemplamos a los niños mientras juegan, nos maravilla esa absoluta entrega a una sola cosa a la que pueden dedicarles horas y horas. Y es que están sumergidos en su propio mundo, poseen una sensación distinta del tiempo y hablan consigo mismos. Las actividades que observan siguen sus propias leyes, una lógica interior que a menudo se vive sin influencias exteriores reconocibles.

Cuando los niños hablan con los objetos como con las personas y les otorgan un espíritu como si fuera lo más natural del mundo nos hace recordar cómo nosotros mismos nos confiábamos más a nuestro oso o a nuestra muñeca que a los padres, hermanos y amigos. Los sentimientos y las ideas encuentran su expresión en los propios juegos. Esta conducta de los niños es la expresión de una fuerza interior que resulta finalmente tan misteriosa como la vida misma. Algunos componentes de la vida interior son típicos de todos los niños.

La fuerza interior de los niños

En general, todos los niños reúnen las condiciones previas para gozar de una infancia feliz, una infancia que se basa en una profunda confianza en la vida y en la gente que nos rodea de pequeños, porque mientras los niños tengan experiencias gratificantes en suficiente medida, la confianza en las personas y en el mundo son su abrigo protector. Esta sensación de seguridad y de una «protección» casi mágica, que en realidad se basa en las experiencias primarias del bebé, es la base necesaria para los procesos de desarrollo espiritual y mental que hacen que los niños penetren cada vez más en el mundo.

En general, un niño sano y querido establece una relación firme con el mundo. Tiene confianza en el ambiente conocido, invierte toda su energía en el quehacer de aquí y ahora, es curioso y abierto, no le preocupa el futuro. Su forma de jugar, llena de curiosidad, su intento de entender el mundo partiendo cada vez desde cero y sus múltiples formas de configuración son fascinantes.

El juego desinteresado de los niños, su saber estar sin la presión del rendimiento y la evaluación, su concentración en un mundo aparentemente distinto son aspectos necesarios para los procesos de su crecimiento.

Sus extraordinarias ideas van más allá de las limitaciones cotidianas y están, a menudo, en oposición al mundo adulto, marcado por la racionalidad, la lógica, la razón y la desgana. Es por ello que cuando los niños sueñan despiertos están proporcionándose una vía de escape, tan necesaria para un verdadero equilibrio mental. Sin embargo, ello no debe confundirse con la situación en la cual los niños, en su evasión, huyen de la confrontación de la realidad, indispensable para el desarrollo de la personalidad.

Las diferentes cualidades o capacidades del niño

Hasta aquí deducimos que ser niño significa un estado mental muy determinado que encierra talentos y capacidades que pocas veces sabemos apreciar y valorar.

SU INSACIABLE CURIOSIDAD

La curiosidad no es algo que aprendemos durante la vida, sino más bien nos es dada como una de nuestras características innatas que nunca perderemos por completo. Los niños son particularmente curiosos y si crecen en un ambiente que fomente su necesidad natural de buscar nuevas impresiones y de tener nuevas experiencias, les estamos ofreciendo las mejores condiciones para una actitud positiva respecto al aprendizaje de toda su vida.

Un motivo por el que los niños son tan abiertos hacia todo lo nuevo es el hecho de que sean tan sensibles y estén tan poco formados. También el inconsciente está mucho menos marcado y más «vacío» en los niños que en los adultos. Por eso son más sensibles a las percepciones y sinceros en sus observaciones. La forma de pensar y de sentir de los niños contiene menos filtros de experiencias, vivencias y rasgos anteriores de la vida. Por ello, todo lo que experimentan, incluso lo que nos puede parecer insignificante, influye de manera decisiva en su vida. Su curiosidad natural, clave de su desarrollo global, es precisamente la puerta a través de la cual les llegan impresiones que los bloquean cuando, por ejemplo, preguntan algo y se les dan respuestas de mala gana, nada convincentes, ambiguas o poco claras.

Su desbordante fantasía

Indios, piratas, guerreros del espacio y personajes de leyendas, historias, cuentos y películas casi parecen más reales que los propios padres. La fantasía infantil es tan desbordante que se han dado casos de padres preocupados por el desarrollo mental de sus hijos. Incluso hoy, las preguntas sobre lo que sostiene la psique y la fantasía infantiles son objeto de intensos debates. La poderosa fuerza de la fantasía está en la posibilidad de traspasar los límites de la realidad y de sumergirse en un mundo interior. En este mundo de fantasía, los niños logran transformar la realidad y compaginarla con ideas y necesidades propias, haciendo más tolerable la realidad.

Esta marcada fuerza de la fantasía es uno de los tesoros más valiosos de los niños. Poco a poco, en las escuelas se va tomando conciencia de ello y cada vez se potencia más el desarrollo de las capacidades del niño, permitiendo así su evolución y crecimiento y abriéndolo a un mundo nuevo de potencialidades y capacidades. De esta manera, se intenta que los niños conserven esta fuente de fuerza en su edad adulta.

Sus valientes verdades

Los niños son en gran medida sinceros y están dispuestos a ponerse de acuerdo con las ideas y las exigencias del mundo de los adultos. Agradecen la relación con los mayores y aceptan las sugerencias e ideas cuando los tomamos en serio y los tratamos con respeto y consideración. Sólo podemos apoyar los procesos de su desarrollo y madurez junto a ellos, nunca en su contra.

Si herimos sus sentimientos y aplastamos su dignidad personal, destruimos también la base para un proceso de aprendizaje en común. Nuestra propia sinceridad, nuestra disponibilidad para la comprobación y la modificación de nuestras opiniones y puntos de vista del mundo es la clave para estimular al niño a desarrollar todas sus fuerzas y capacidades.

¡ABRÁZAME FUERTE!

El contacto corporal entre hijo y padres es, en el primer año, el aspecto que por un lado proporciona al niño confianza y seguridad en el mundo, y por otro, hace posible su acceso corporal a este mundo. A través de los sentidos, la vista, el tacto, el gusto, el olfato y el oído, el niño descubre el mundo y se relaciona con todos los objetos que lo rodean. La sensación de protección, la base a partir de la cual se puede descubrir el mundo, se inspira en la seguridad absoluta de poder estar siempre en contacto corporal con los padres. Sólo si un niño se encuentra bien en su piel, en su cuerpo, podrá investigar su nuevo entorno. Un niño que no está fuertemente arraigado en el entorno que le es familiar y le procura la seguridad y la certeza de su bondad, se moverá con inseguridad y con miedo. Los niños seguros de sí mismos están en contacto con el mundo y las personas con toda su movilidad natural, con los ojos abiertos.

El complejo mundo
de las emociones del niño

«Lo que piensa mi hijo, ¿es normal?»

[Salud mental]

➤ Qué ocurre exactamente

Desde hace ya años, los psicólogos se concentran en la investigación y la curación de las enfermedades mentales. Y aunque se ha avanzado mucho continuamos con un serio problema aún no resuelto: la infinidad de personas que van por la vida tambaleándose bajo el peso de sus conflictos internos, que les impiden desarrollar sus posibilidades potenciales. Ello nos hace plantear seriamente si nosotros, los padres, estamos preparados debidamente para llevar a cabo la tarea que representa la educación del niño.

Por un lado, se invierten sumas ingentes en la enseñanza de conocimientos teóricos y profesionales, pero la labor del progenitor capaz de formar a sus hijos queda de alguna manera librado al azar, o, en el mejor de los casos, a unas cuantas lecciones sueltas bien intencionadas.

Por otro lado, cuando se trata de atender el desarrollo físico y emocional de nuestros hijos, acudimos sin limitaciones a los servicios profesionales de médicos y educadores, pero no ocurre lo mismo para la orientación de los niños hacia la salud emocional, ya que entonces confiamos casi por completo en nuestras propias fuerzas. Incluso hasta cuando existen síntomas inequívocos de que algo funciona mal, muchos padres sienten la consulta con el psicólogo como una confesión de fracaso y sólo la utilizan como último recurso.

El ser padres no·nos dota de los conocimientos ni de la habilidad que se necesitan para formar niños confiados en sí mismos, emocionalmente estables y capaces de vivir como personas que funcionan plenamente y desarrollan sus vidas satisfactoriamente. En definitiva, no prestamos a la prevención de la enfermedad la atención y cuidados que merece para que disminuya el número de personas afectadas por trastornos emocionales.

Aunque la mayoría de nosotros hace todo lo que puede y más, muchas veces, por desgracia, eso no significa otra cosa que dar vueltas y vueltas sobre los mismos errores. Y por si esto fuera poco, tanto nosotros como nuestros hijos tenemos que vivir con el producto de nuestras equivocaciones involuntarias, equivocaciones que tienden a transmitirse a las generaciones futuras.

Desde aquí intentamos ofrecer una nueva manera de considerar el desarrollo del niño en virtud de la cual todo crecimiento y todo comportamiento se observan ante la búsqueda de identidad y autorrespeto que dicho niño lleva a cabo.

La tarea del progenitor es demasiado importante para dejarla en manos solamente de la imaginación y de la intuición, aunque estos aspectos son fundamentales para educar a un niño. Hemos de aprender a vivir con los hijos y no pese a ellos.

➢ Cómo actuar

«Mucho antes de que nacieran mis hijos ya tenía muy claro de cómo los educaría y trataría. Estaba convencidísimo de que esta labor tenía que estar bien hecha. Sentía como algo muy serio la condición de ser padres. Después, no sé exactamente por qué, la realidad tomó otros derroteros y empezó a descargar golpes contra todos los planes que teníamos concebidos de antemano. Y lo que al principio parecía tan simple y claro se transformó en algo mucho más complejo. De todos modos, nos esforzamos por hacer lo que creemos que es mejor. Invertimos grandes cantidades de cuidado, tiempo, energía y dinero, sin ahorrar esfuerzos para conseguir lo mejor en comida y ropa, los juguetes más atractivos, la atención médica más adecuada, sin dejar de estar a su disposición para que nuestros hijos disfruten de todas las ventajas posibles».

No obstante, pese a las buenas intenciones y esfuerzos sinceros de muchos padres, son numerosos los niños que decepcionan a sus progenitores. Se atrasan en los estudios, se manifiestan emocionalmente inmaduros, se rebelan o se retraen indebidamente. ¿Qué ha ocurrido? ¿En qué hemos fallado? En los momentos cruciales, la incertidumbre nos ataca: «¿Estaré haciendo bien las cosas?», «¿Tendré que castigar, discutir o ignorar?», «¿Qué debo hacer ahora?». Es entonces cuando todas aquellas grandes ideas, aquellas firmes convicciones, se enturbian y desaparecen.

Los niños suscitan en nosotros emociones muy diversas y profundas. La alegría, la seguridad y el deleite se mezclan con la preocupación, la culpa y la duda. La fatiga y la frustración también se hacen presentes en buena medida. Problemas siempre nuevos, que cambian pero nunca terminan.

➤ Consejos útiles

Sin duda, la realidad puede hacernos perder la confianza en nosotros mismos como padres. Aun así, seguiremos aferrados al sueño de lo que nuestros hijos podrían llegar a ser, pero, ¿cómo transformar ese sueño en realidad?

Lo que se desea para nuestros hijos está claro y es su felicidad. Las dudas se presentan casi siempre en torno al «cómo» llegar a esa felicidad. Sepamos, pues, que entre un niño que funciona plenamente y otro que marcha por la vida dando tropiezos existe una diferencia fundamental. Esta diferencia reside en la actitud de uno y otro hacia sí mismo, en su grado de autoestima.

«¿Por qué mi hijo se menosprecia?»
[Autoestima]

➤ Qué ocurre exactamente

¿Qué es exactamente la autoestima? Es lo que cada persona siente por sí misma, la medida en que uno se sienta a gusto o a disgusto consigo mismo. Pero la autoestima no es tan sólo lo que uno siente al respecto de uno mismo, sino también lo que uno piensa sobre sí mismo. De hecho, tener unas determinadas ideas conlleva una serie de sentimientos y emociones concretos.

Una buena autoestima no consiste en sentirse engreído sino que por lo contrario, se trata de un silencioso respeto por uno mismo, es la sensación del propio valor. Cuando uno tiene una buena autoestima o se tiene una buena imagen de sí mismo, se alegra de ser quien es. El engreimiento no es más que una delgada capa que cubre la falta de autoestima. Cuando se tiene una buena autoestima no se pierde el tiempo en impresionar a los demás. Ya somos lo que intentamos aparentar.

La imagen que el niño tiene de sí mismo influye en la elección de sus amigos, en la forma en que se lleva con los demás, y hasta en la clase de persona con la que se ha de casar. Ese concepto que el niño tiene de sí mismo afecta, en definitiva, a su creatividad, a su integridad, a su estabilidad, y marca su tendencia a ser líder o seguidor. Su sentimiento del propio valor constituye el núcleo de su personalidad y determina la forma en que emplea sus aptitudes y habilidades. La actitud hacia sí mismo marca considerablemente la forma en que vivirá todas la etapas de su vida. Sin ir más lejos, la autoestima es el factor fundamental que decide el éxito o el fracaso de cada niño como ser humano.

Por todo ello, como padres, debemos ayudar a nuestros hijos a creer firme y sinceramente en sí mismos.

➤ Cómo actuar

DOS ASPECTOS: VALÍA Y DIGNIDAD

Todos los niños, aunque individualmente únicos como personas, tienen las mismas necesidades de sentirse valiosos y dignos de amor: «Yo soy digno de que me amen», es decir, «importo y tengo valor porque existo» y, además, «Soy valioso porque puedo manejarme a mí mismo y manejar lo que me rodea con eficiencia, sé que tengo algo que ofrecer a los demás». Y estas necesidades no terminan con la infancia, ni mucho menos. Todos las tenemos, y nos acompañarán hasta la muerte. Su satisfacción es tan esencial para el bienestar emocional como el mismo aire que se respira. Al fin y al cabo, cada uno de nosotros es, para sí mismo, el compañero de viaje de toda la vida. Por mucho que uno se esfuerce, la única persona cuyo contacto no puede eludir es uno mismo. Lo mismo les ocurre a nuestros hijos, que con nadie viven en tanta intimidad como consigo mismos. Así pues, tanto para su crecimiento óptimo como para que logren una vida significativa y gratificante, es de suma importancia el amor y consideración por sí mismos.

Ya sé que muchos padres aman a sus hijos y los consideran valiosos, pero ello no basta si al niño no le llega este mensaje. No es tan importante amar al niño como que éste se sienta amado. Lamentablemente, son numerosos los padres que están seguros de amar a sus hijos, al mismo tiempo que, por alguna razón, estos últimos no reciben el mensaje de ese amor. Muchos padres no son capaces de comunicar sus sentimientos o aparecen sentimientos ambivalentes que desconciertan al niño.

➤ Consejos útiles

CÓMO DESARROLLAR UNA BUENA AUTOESTIMA

Los niños no sólo necesitan una atmósfera que estimule la curiosidad y la exploración, sino que también precisan amplias exposiciones a una gran variedad de experiencias. Cada vez se ha constatado más que la estimulación rica durante los primeros años de vida favorece el desarrollo intelectual. El niño necesita el máximo posible de experiencia directa. Cuantas más experiencias directas tenga, más conocedor será el niño de su mundo, lo que beneficia tanto a su seguridad como a su confianza.

Apoyamos y alentamos el crecimiento intelectual del niño cuando le brindamos experiencias ricas y directas durante las primeras etapas de su vida, y cuando lo alentamos para que hable acerca de lo que vio, hizo y sintió. Animémoslo a hallar respuesta a las preguntas que él mismo plantea. Dejemos que se «estrelle» contra los problemas, mantengámonos listos para ofrecerle el apoyo que necesite, y alentémoslo a hallar sus propias soluciones.

Es muy importante que respete la curiosidad y la tendencia a explorar de su hijo. Busque junto a él salidas aceptables para el impulso de saber. La autoestima de su hijo se eleva cuando el comportamiento de usted le dice de alguna manera: «Tu curiosidad es importante, yo te ayudaré a experimentar y a comprender».

INTELIGENCIA Y AUTOESTIMA

La inteligencia es la capacidad que tenemos todos, en mayor o menor grado, de adaptarnos a las condiciones de nuestro medio, ya sea físico, social, familiar, etc. El coeficiente de inteligencia (CI) no es algo fijo e inmutable, todo lo contrario. El CI, que no es más que una forma de medir a *grosso modo* la capacidad general disponible en aquel momento para el manejo de conceptos abstractos (palabras, números, conceptos), nos confirma que éste varía con el estado emocional del momento, el clima familiar y emocional en que crezca el niño, etc.

Mediante estudios del seguimiento de varios alumnos se comprobó que, cuando el ambiente hogareño y escolar eran estimulantes, la puntuación del CI de esos alumnos se elevaba; en cambio, cuando el ambiente era menos enriquecedor y seguro, el CI bajaba considerablemente. El ambiente psicológico que rodea al niño tiene, sin duda alguna, una poderosa influencia sobre su funcionamiento mental. Y, por otra parte, no olvidemos que no es tan importante cuánto de inteligente es el niño, sino cómo hace las cosas con lo que tiene. Por ejemplo, con su CI de 115 puntos, Carmen aventaja a Salvador, cuyo CI es de 170. La desbordante curiosidad y el deseo de aprender impulsan a la niña a emplear al máximo su capacidad, mientras que Salvador fantasea y se preocupa más de lo que los demás piensan de él. La autoconfianza permite a la niña dar lo máximo de sí, mientras que la brillantez de Salvador puede quedar empañada por una baja autoestima.

La prueba del CI no mide la capacidad creativa, ni el liderazgo, ni la imaginación, ni el talento artístico. El CI tiene su valor y sirve para lo que sirve, pero sólo mide una serie de capacidades intelectuales y no el conjunto de nuestras cualidades psíquicas.

APRENDIZAJE Y AUTOESTIMA

Seguro que se habrá preguntado en alguna ocasión cómo motivar el aprendizaje de su hijo. Sepa que un buen grado de autoestima es el resorte principal de la motivación. Cuando el niño cree tener capacidad, cree poder hacer y cree tener qué ofrecer a los demás, esa creencia es lo que lo impulsará. Los desafíos se convierten en diversión pura cuando creemos que podemos superarlos. Por contra, cuando sentimos que no podemos hacernos cargo de algo, el interés por ese algo se disipa rápidamente.

Aunque se estimule la curiosidad y se ofrezca a nuestro hijo entornos ampliamente estimulantes, a veces el niño no emplea su verdadera capacidad y sus resultados son muy limitados. Las causas de este freno pueden provenir de diferentes obstáculos que debemos observar, valorar y tener en cuenta:

✔ Los *impedimentos físicos* pueden bloquear el aprendizaje: los defectos auditivos y visuales, las incapacidades neurológicas, los desequilibrios hormonales y la maduración física lenta afectan la calidad y la velocidad del aprendizaje.

✔ Los *problemas emocionales* crean muchos problemas de aprendizaje. El crecimiento intelectual y el emocional están ligados entre sí; son, por decirlo de algún modo, las dos caras de una misma moneda. Un niño cuyas necesidades emocionales no están satisfechas tiene menos probabilidades de desarrollarse y evolucionar en el estudio. Un niño «hambriento» de cariño no tiene gran motivación por estudiar porque, antes que nada, ha de satisfacer su «hambre».

✔ El *niño que se considera rechazado* tiende a rechazar y, por tanto, tiene poca motivación y deseos de descubrir nada. Y si además arrastra un cúmulo de represiones, su energía agotada no le permite estar a la altura de las exigencias de la escuela.

✔ La *presión indebida* que se ejerce para que el niño llegue a metas que están fuera de su alcance es la causa más corriente de los bloqueos en el aprendizaje. Estos niños aprenden a fracasar. El exceso de ambición llega a nuestro hijo en forma de no aceptación. Las expectativas elevadas no realistas significan grandes decepciones, y la decepción golpea la autoestima, cierra las puertas del impulso, y el niño no intenta siquiera «ponerse en marcha» y decaen las ganas de aprender.

✔ La *disciplina demasiado condescendiente*, demasiado protectora o demasiado estricta también actúa como obstáculo para el crecimiento intelectual y emocional. Unos padres dominantes alimentan la hostilidad, la dependencia y la ineptitud. Unos padres sobreprotectores u otros que rehúsan comprometerse en la fijación de límites hacen que sus hijos se sientan inadecuados y no queridos. Estas tres maneras de actuar «conspiran» contra la autoestima, lo que a su vez afecta la motivación para aprender. En cambio, una disciplina llamémosla «democrática» fomenta el crecimiento intelectual y emocional mediante el estímulo de la aceptación de los compromisos, el razonamiento, el pensamiento creativo y la responsabilidad. Compartir el poder de establecer las normas desempeña un papel de importancia en el fomento de la competencia mental. Algunos investigadores consideran que el factor más importante de la motivación del niño para el aprendizaje es el sentimiento de «tener cierto control sobre su destino». Este tipo «democrático» de disciplina permite a los niños albergar ese sentimiento. La autoestima influye poderosamente sobre el uso que el niño hace de sus habilidades.

✔ Si *no existe una buena comunicación,* el aprendizaje queda de nuevo obstruido. Cuando padres e hijos se encuentran cálidamente interesados los unos en los otros y en sus actividades, cuando los niños se sienten seguros para compartir ideas, se está estimulando el crecimiento intelectual. En los hogares en que la comunicación es reservada, tensa y codificada, no se permite que sus miembros estimulen recíprocamente sus pensamientos. En semejante clima, la capacidad mental se estrecha, se distorsiona y no logra desarrollarse.

✔ Otro importante obstáculo para el aprendizaje puede darse cuando el niño no asiste a una buena escuela, con profesores motivados y con programas de enseñanza flexibles, adecuados a los intereses de los alumnos. Los chicos motivados y confiados en sí mismos pueden perder el gusto por el aprendizaje cuando se los hacina en aulas muy pobladas, con profesores desmotivados, resignados y presos de un método que no funciona. Posiblemente no se encuentre lejos el momento en que los maestros puedan realmente tener la libertad de aplicar sus recursos al estímulo de la curiosidad natural de los niños, pero mientras, deberemos actuar con cautela.

CREATIVIDAD Y AUTOESTIMA

Cuando los niños perciben que en su entorno se respeta la singularidad, son más proclives a poner en juego la suya. Las reacciones que reciban sus primeros pasos en el ejercicio de la originalidad determinarán si su impulso florece o se marchita. La creatividad necesita un clima de seguridad respecto de los juicios y una gran libertad de expresión. Quien está conforme con todo, mantiene un pensamiento estereotipado y necesita del orden constante, difícilmente será capaz de alimentar la creatividad. Cuando uno es capaz de tolerar la imperfección y los fracasos, sus hijos estarán más cerca de probar ideas nuevas porque sabrán con antelación que la aprobación de uno no dependerá de los resultados del proyecto que emprenda.

La unión de una buena autoestima y la creatividad es poderosa en extremo, de hecho, es la buena autoestima la que permite desarrollar la creatividad de cada uno. La creación es un acto de digresión pero, por encima de todo, es un acto de reparación, que tiene su origen en los primeros meses de vida del bebé, cuando surge en él (evidentemente, de forma inconsciente) el deseo de recrear, reparar, reconstruir todo aquello que ataca con su odio. Ello lo lleva a reconstruir lo destruido, a recrear y, por tanto, a crear. Podemos decir, perfectamente, que todo acto reparador es un acto creativo. La creación es un acto de amor hacia nuestros seres queridos, cuando sentimos que los hemos dañado de algún modo. Es como si dijéramos: «Veo las cosas a mi manera y estoy dispuesto a dejar que penetres en mi mundo tal como yo lo percibo». Pero para hacer pública nuestra reacción personal, es necesario disponer de confianza en uno mismo y de capacidad de reparar o rehacer lo que hemos estropeado y dañado.

Investigaciones que siguen de cerca la relación entre creatividad y autoestima demuestran que el niño libremente creativo posee una gran autoconfianza, madurez emocional, serenidad e independencia. Pero, además, tiene capacidad para la concentración sostenida y para absorberse y comprometerse en la realización de sus proyectos. El niño, si su experiencia le ha demostrado que lo aman y estiman incondicionalmente, se encuentra en libertad de prestar atención a sus demandas internas. Confía en sus reacciones personales y en su intuición. Su autoconfianza apoya el impulso de llevar a cabo sus ideas únicas. Su energía, que tan a menudo se malgasta en la autodefensa, está libre para salir al paso de lo nuevo.

Este niño, al ser socialmente independiente y gozar de paz interna, se ve menos acotado por el pensamiento de los demás. Las presiones de grupo difícilmente lleguen a limitar su expresión. Una buena autoestima libera al niño para jugar con su repertorio de posibilidades, confiado en que puede elegir las de mayor mérito.

Un niño con baja autoestima puede también concebir ideas únicas, pero al ser socialmente demasiado dependiente, está más abocado a dejarlas de lado en espera de la aprobación. Es más sensible a las críticas porque él ya se ha juzgado negativamente. Por ello prefiere trabajar a las órdenes de otro. Huye de las decisiones creativas e independientes, de la responsabilidad y del liderazgo, y prefiere ahogar su talento. La conformidad representa menos riesgos que la creatividad. Satisfacer sus necesidades psicológicas tiene para él prioridad sobre la aventura de lo desconocido. Es más, lo desconocido atemoriza al niño de baja autoestima.

El impulso de aprender que tiene el niño necesita apoyo y, también, estar seguro de que los errores no constituyen hechos catastróficos. Tanto padres como profesores y educadores deben trabajar juntos para ayudar a que los niños desplieguen todas las dimensiones de sí mismos, de manera que se sientan en libertad de aprender y de crear. Sólo cuando se respeta su total originalidad, el niño puede permitir que su individualidad se desarrolle y crezca.

«Mi hijo vive demasiado inmerso en su mundo de fantasía»

[Imaginación desbordante]

➢ Qué ocurre exactamente

No desespere cuando su hijo empiece a fantasear hasta tal punto que fácilmente mezcle ficción con realidad. A muchos niños les encanta contar historias imaginarias, pero ello no se debe confundir con las mentiras. La mayoría de los expertos parecen estar de acuerdo en que la diferenciación entre realidad y fantasía es algo que se va adquiriendo poco a poco y que la imaginación es muy importante para el desarrollo del pensamiento creativo del niño. La fantasía va evolucionando con la edad, pero en cualquiera de sus etapas se presentan oportunidades únicas que los adultos no debemos desaprovechar. Es buenísimo compartir esos momentos de fantasía y humor tanto para el niño como para nosotros. El truco consiste en enseñar la diferencia entre verdad y fantasía, sin reprochar al niño sus actos imaginativos. No olvidemos que los niños utilizan la imaginación para remodelar la vida como les gustaría que fuera, hasta el punto de que, en muchas ocasiones, los ayuda en la superación de situaciones difíciles. No deja de ser un buen instrumento para ayudarse a desenvolverse en este mundo.

➢ Cómo actuar

Cuando su hijo le explique una de sus historias fruto de su imaginación, no le pregunte: «¿Es eso verdad?». Semejante pregunta provoca una negativa y una mentira. En cambio, sí se puede decir: «¡Uy!, esto me suena a imaginación; la que tú tienes sin duda es fantástica, cariño». Es bueno utilizar el humor durante la conversación, pero nunca la ironía ni el sarcasmo. La expresión «te gustaría» puede ayudarnos: «María, esa historia es fantástica y, sabes, creo que en realidad te gustaría tener un perrito».

Si el niño, cuando cuenta una historia, exagera la verdad, no lo riña, sencillamente dígale que necesita saber qué parte de su historia es verdad y qué parte es inventada. Si el niño es menor de cuatro años le va a costar realizar esta diferenciación entre realidad y fantasía, y se confundirá, de modo que no se lo tenga demasiado en cuenta ni piense que lo está engañando. La realidad es algo que se va construyendo poco a poco, a medida que el niño va creciendo, y gracias a su ayuda y a la de otros adultos.

Es necesario dedicar un poco de tiempo a enseñar al niño la diferencia entre verdad y fantasía. En el ratito que vean la televisión, indíquele lo que es real de lo que no lo es: «Ese monstruo tan feo no es de verdad, es una persona disfrazada».

También sirve inventar historias con él. Piense antes en los personajes y el en argumento: «Javier, yo soy el conejito herido y tú eres el señor que me encuentra y me salva». Deje correr su imaginación y permita que el niño añada detalles. ¡Ya verá qué historia desbordante de fantasía!

➢ Consejos útiles

✔ Hemos de evitar exagerar nuestras argumentaciones reales para que el niño no pueda imitar nuestro comportamiento.

✔ Apunte en un papel todas aquellas cosas que le parecen bonitas que haya dicho o imaginado su hijo. Le encantará leerlas de nuevo.

✔ Durante las comidas funciona muy bien contar historias cortas y divertidas. Las adivinanzas son ideales. También vale explicar al niño lo que hemos hecho durante el día para que él, después, se explaye explicando sus experiencias. Si lo escucha con interés, es más probable que diga la verdad y prescindirá de adornar y magnificar su historia para hacerla más interesante.

✔ Utilicemos la imaginación, mientras contamos historias infantiles, para explicar sentimientos, valores o lecciones importantes. Quédese con los cuentos en los que aparezca un amigo imaginario. La mayoría de los niños se identifican con esa historia y les encanta saber que también otros niños hacen lo mismo. Busque historias sobre héroes muy valientes y buenos, y anime a su hijo a comentar los detalles y, por qué no, a añadir sus propios finales.

✔ Las marionetas, muñecos o disfraces dan mucho de sí durante los juegos creativos. El juego es necesario para que el niño comprenda el mundo en que vive.

✔ Si usted considera que su hijo se sumerge demasiado en un mundo imaginario y teme que no llegue a afrontar la realidad, consulte con el pediatra o el psicólogo de la escuela.

«¡Mi hijo no sabe comportarse!»

[Mal comportamiento]

➤ Qué ocurre exactamente

Para que los niños sepan comportarse es necesario que adquieran buenas costumbres. Toda la infancia es importante a la hora de educar a nuestros hijos, pero los primeros años parecen especialmente delicados, ya que son los más propicios para la formación de los primeros hábitos. Entendemos por hábitos la tendencia a hacer las cosas de una determinada manera y éstos se adquieren por repetición y por identificación con una persona modelo. Se dividen fundamentalmente en dos tipos: virtudes, que son todos los que contribuyen, en mayor o menor medida, a nuestro desarrollo y felicidad, y vicios, aquellos que nos perjudican y nos hacen más desdichados.

Es fácil comprender por qué a estas edades en que los niños disfrutan imitando todo lo que ven es tan importante ofrecerles buenos ejemplos y evitar que se fijen, precisamente, en conductas reprobables.

Si vuestros hijos ven cómo os laváis con agua y jabón, os cepilláis los dientes con frecuencia, hacéis la cama, habláis con corrección y sin dar gritos, etc., lo considerarán lo más natural del mundo e intentarán imitaros. Lo mismo sucede en cuanto a los niños con los que se relacionan. Si sólo saben jugar a gritos, con los mocos colgando, dándose empujones, tirándose del cabello y diciendo palabrotas, es inevitable que vuestros hijos los copien.

La educación siempre es gradual, sin saltos bruscos. Así, los buenos o malos hábitos, adquiridos siendo niños, marcan nuestra mente mucho más de lo que suponemos y nos acompañarán toda la vida, a no ser que nos esforcemos en cambiarlos. Pero de adultos cuesta mucho más modificarlos que de niños.

➤ Cómo actuar

¿Qué puedo hacer para que mi hijo sea más constructivo y no se dedique a gandulear, pelearse o destrozar la casa?

Casi siempre es muy recomendable permitir y potenciar en ellos todo tipo de actividades lúdicas en la medida en que usted vea que contribuyen positivamente a su crecimiento y desarrollo armónico. En la infancia se aprende mucho más jugando que de otra forma, pues la motivación que provoca la actividad lúdica es el motor principal de todo el esfuerzo infantil. Por ello no se aconseja censurar sus ímpetus juguetones, sino más bien canalizar esa energía natural para que disfruten desarrollando cada una de sus facetas y para que adquieran buenos hábitos.

Teniendo en cuenta que la infancia es la época de la vida en la que más hábitos adquirimos, ya sean buenos o malos, aproveche esa edad para fomentar actividades en las que su hijo desarrolle valores y actitudes básicas como la generosidad, la constancia, el orden, la valentía, la prudencia, la imaginación, el compartir los juguetes y las cosas propias, etc. No se trata de que jueguen para pasar el rato, sino de que crezcan y maduren jugando.

➢ Consejos útiles

Los siguientes hábitos ayudarán, en general, a educar y generar un buen comportamiento, básico para disfrutar de un buen equilibrio psíquico, afectivo y social:

✔ Acostumbre a su hijo a que se acueste a una hora prudencial.
✔ Evite que juegue y cante mientras come.
✔ Enséñele a utilizar adecuadamente los cubiertos.
✔ Recuérdele que se lave bien las manos y la cara, en especial antes de comer.
✔ Insista en que mantenga ordenada su habitación.
✔ Corríjalo cuando hable incorrectamente o utilice palabras y tonos ofensivos y poco respetuosos, pero hágalo con mucho cariño y sin reproches.
✔ Para que desarrolle su sociabilidad es aconsejable que juegue en grupo con amigos o hermanos para que aprenda a cultivar la amistad y el respeto, para que controle la propia afectividad y para que valore tanto el esfuerzo individual como el trabajo en equipo.
✔ Reconozca cuando su hijo se porta bien y elogie detalles concretos de su comportamiento.
✔ Sobre todo, diviértase con su hijo y hable con él. Aproveche esos momentos de sincera unión para estimular su pensamiento y mostrar que realmente disfruta estando con él.

«Mi hijo es tan inseguro que incluso lo notan sus compañeros»

[Falta de confianza]

➤ Qué ocurre exactamente

Muchas personas ignoran que las neurosis afloran cuando el niño se siente inseguro y se sorprenden cuando comprueban que éste no goza de toda la seguridad que ellos creen que les dan. Y es que casi todos concebimos la seguridad sólo en términos físicos y quedamos descolocados cuando se menciona la seguridad psicológica. Sin embargo, es esta seguridad psicológica la que verdaderamente alimenta y protege.

Cuando el niño llega al mundo, sus primeras experiencias ya le indican si puede o no contar con nuestra ayuda amistosa para la satisfacción de sus necesidades físicas y emocionales. Y es que la base de la seguridad es la confianza. Sin ella, el crecimiento se apoya en una falsa cimentación que tambaleará todo el desarrollo futuro. La serenidad de la madre es un aporte para la seguridad del niño. Algunos padres son auténticos manojos de nervios que sus hijos sienten. Las tensiones que se producen entre los padres, verbalizadas o no, y las tensiones que nacen de la intranquilidad emocional son rápidamente captadas por los niños.

➤ Cómo actuar

Un niño sólo puede confiar si quienes lo rodean manifiestan abiertamente sus sentimientos. Los mensajes confusos o contradictorios (cuando el mensaje oral dice una cosa y se actúa de otra manera) acaban con la seguridad y el amor que puedan sentir y desarrollar esos niños. El ingrediente más importante de toda relación positiva es la honestidad. Compartir sentimientos que nos causan conflicto en vez de callarlos forma parte de la honestidad. Son raras las situaciones que nos producen una sola reacción, y lo más frecuente es que nos asalten dos sentimientos opuestos, e incluso tres o más. Debido a que los niños son extraordinariamente sensibles a nuestras corrientes, el hecho de que no compartamos con ellos nuestros sentimientos de forma sincera los confunde. Ello no quiere decir que para crear confianza tenga que ser totalmente abierto en todo momento.

Uno puede optar por conservar para sí ciertos sentimientos, pero ser honesto en torno de lo que se reserva. Por ejemplo, se puede decir: «Estoy disgustado por una discusión con una persona, pero prefiero no entrar en detalles». Sea cual sea el caso, lo que no se debe decir es «no pasa nada», cuando realmente sucede algo que le molesta, si es que quiere lograr la confianza de su hijo. Sin duda, uno debe decidir por sí mismo cuándo, dónde, con quién y en qué medida es apropiado compartir el propio mundo interior. Pero cualquiera que sea la decisión, sea honesto con sus reservas, nunca las enmascare.

Una persona psicológicamente madura reconoce que tiene sentimientos, y puede compartirlos en los momentos apropiados y con las personas adecuadas. Una buena autoestima está directamente relacionada con la capacidad de mantenerse abierto a toda reacción interna, puesto que todos los seres humanos experimentan toda clase de sentimientos de variada intensidad. Una persona con buena autoestima no tiene por qué negar lo que siente. La autoaceptación le da la seguridad necesaria para mantener abiertos sus sentimientos y actuar en su dominio. No los esconde, deforma o diluye. Si los sentimientos se esconden del modo que sea, estamos enseñando al niño a desconfiar de sus sentimientos, especialmente de los intensos. Si no acepta sus sentimientos, difícilmente se aceptará a sí mismo y su autoestima no podrá nunca ser sincera, balsámica y fortalecedora.

Seamos francos: el padre aparentemente perfecto es casi siempre un padre «enmascarado», y los niños necesitan contactos vitales con gente real y no con robots enmascarados que se mueven de acuerdo con esquemas copiados de los demás. Como ser humano, usted puede tener legítimamente sentimientos de todo tipo: debilidad, desaliento, preocupación, fatiga y confusión. Ello no le hace menos valioso ni menos fuerte, más bien al contrario, ya que hay que ser fuerte para mantenerse abierto. Nuestro ejemplo demuestra que todos los sentimientos son legítimos. Los padres que asumen su humanidad evitan que su hijo oculte la suya, y a su vez, fomentan el amor y el respeto. Esta actitud da al niño la seguridad necesaria para enfrentarse a los demás de forma amistosa y abierta, ya que ha aprendido que ésa es la manera en que se debe actuar. De este modo los demás podrán confiar en él y respetarlo.

➤ Consejos útiles

La confianza se construye de diversas maneras. He aquí algunas recomendaciones útiles para crear un clima de seguridad:

- ✓ No disimule su disgusto o enfado, coméntele abiertamente qué le sucede y resérvese los detalles si quiere.
- ✓ No reprima sus emociones, exprésaslas bajo su dominio.
- ✓ Dígale a su hijo cuándo y a dónde irá, y cuándo regresará.
- ✓ Evite las sorpresas súbitas y desagradables. Cuando lleve a su hijo al dentista o al médico ayúdelo mediante la exposición franca de lo que representa tal visita.
- ✓ Prepárelos con antelación para la guardería o el colegio.
- ✓ Aprenda a disculparse ante sus hijos cuando haga algo que está mal o diga algo fuera de lugar. Ganará muchos puntos.
- ✓ Nunca les prometa lo que no pueda cumplir.

«Mi hijo no entiende lo que intento decirle»

[Incomprensión]

➢ Qué ocurre exactamente

«¿Cómo puedo ser honesto y comprensivo con mi hijo? Cada vez que le manifiesto mis sentimientos, él se siente abrumado o se pone a la defensiva».

El ser simplemente abiertos con los niños puede tener resultados indeseables aun siendo prudentes en la manifestación de sentimientos. Algunos padres, al confiar sus sentimientos a sus hijos no saben evitar dañar la autoestima de éstos. Otros, en cambio, se mantienen abiertos y crean el respeto mutuo. ¿Dónde está el secreto, entonces? Pues en la forma en que se comparten los sentimientos.

➢ Cómo actuar

Si mientras mantiene una conversación con una visita su hijo no hace más que interrumpir, puede contestar: «¡Eres un grosero y ya me estás hartando!» o «¡Estoy cansada de que no pares de interrumpirnos».

Si contesta lo primero, sus palabras lo colocan en el papel de juez que lanza su veredicto desde el poder. El cartel negativo de «grosero» propicia un golpe directo a la imagen que el niño tiene de sí mismo.

En cambio, si contesta lo segundo no actúa como juez, sino que expresa sus reacciones ante la conducta de su hijo: «Estoy cansada de las interrupciones», así transmite sus sentimientos sin juicio de por medio.

Los juicios negativos nos transforman en espejos negativos para los niños, pero además, y esto es más importante, causan estragos en el autorrespeto y en la seguridad. En definitiva, disminuyen, avergüenzan y castigan. El niño necesita conocer nuestras reacciones y emociones reales con el fin de mantener su conducta dentro de ciertos límites, pero debemos ahorrarles nuestros comentarios acerca de su persona.

A través de una culpabilización demasiado hiriente se puede hacer mucho daño a nuestros hijos. Si te dicen «eres un egoísta», «eres un marrano», «eres un desagradecido» en vez de «me gustaría que compartieses las cosas», «¿podrías recoger lo del suelo?», «piensa en lo que ha costado todo», seguro que uno se siente más atacado. Los primeros comentarios arrojan culpas, lanzadas contra uno, que te disminuyen como ser humano. En cambio, el segundo grupo de comentarios dan a conocer los sentimientos de esos padres imaginarios, por ejemplo, sin que te sientas tan atacado.

En definitiva, las valoraciones positivas, si son apropiadas y acertadas –es decir, valoran positivamente algo que sí lo merece–, refuerzan la autoestima del niño, aunque lo más importante no es tanto el evitar hacer juicios de valor negativos, sino el no tener, en general, una relación culpabilizadora con nuestro hijo, ya que se puede culpar de formas muy sutiles. Es importante que flote en el ambiente familiar una brisa continua de tolerancia frente a los fallos y limitaciones de nuestros pequeños.

➢ Consejos útiles

Aprender a omitir los juicios de valor no es tarea fácil, y más cuando nos hemos pasado la vida siendo juzgados. Cuando escuchamos a alguien, nuestra mente enjuiciadora funciona al máximo: «qué tontería», «qué ridículo», «eso está bien», «ésa es la forma correcta de pensar»...

Enjuiciamos constantemente sin cuestionarnos semejante manera de pensar. Si tomamos conciencia de este hábito poco constructivo y deseamos liberarnos de él, tendremos que empezar por advertir que estamos juzgando. Y cuando nos oigamos juzgar deberemos transformar el juicio en reacción: «¡No seas marrano!» enjuicia. «No tengo ganas de volver a barrer», no.

✓ Esfuércese por no realizar juicios de valor que avergüencen a su hijo, es decir que lo hagan sentir demasiado culpable, como por ejemplo ocurre con: «Eres un egoísta, un avaro, un grosero...».

✓ Es mejor, en su lugar, explicarle qué reacciones provoca en usted cuando él se comporta de una determinada manera.

✓ Y, por encima de todo, sea tolerante con su hijo. Piense que en el origen de la tolerancia está la comprensión, el entender el porqué de unas determinadas conductas, de unas determinadas actitudes. Si quiere que su hijo sea comprensivo, séalo usted antes con él.

«¡Mi hijo no se siente apreciado!»

[Falta de aprecio]

➢ Qué ocurre exactamente

Está bien que se recomiende a los padres aceptar a su hijo tal cual es, pero a veces sentimos que es insuficiente. Además, los niños necesitan algo más intenso: el aprecio, el amor. Los niños sobreviven en la aceptación, pero no florecen en ella. El niño tiene que sentirse valorado, algo especial por el mero hecho de existir.

El aprecio no es algo que necesariamente haya que manifestarlo verbalmente. Más bien se trata de un sentimiento que uno tiene hacia su hijo. Es sentir su exclusividad y quererla, permanecer abiertos a la maravilla que hay en él, pese a las irritaciones cotidianas.

La mayoría de los padres aprecian efectivamente a sus hijos, pero algo ocurre para que ese aprecio, en muchos casos, se pierda hasta el extremo de que nuestros hijos no lo sientan.

¿A qué es debido?, se preguntará. Una de las razones la podemos encontrar en el hecho de que todos tendemos a despreocuparnos y olvidarnos de las cosas de que disponemos a diario. Las apreciamos profundamente, pero a menudo las damos por supuestas, a menos que las veamos amenazadas. Apreciamos a nuestros hijos en alto grado, daríamos nuestra vida por ellos, y aun así, los ignoramos y los infravaloramos con frecuencia.

➤ Cómo actuar

Conteste a la siguiente pregunta: si tratara a alguno de sus amigos como trata a sus hijos, ¿cree que seguiría siendo su amigo? Seguramente no, ya que después de avergonzarlo, analizarlo en presencia de otros, lanzarle fríos sarcasmos, humillarlo, ponerlo en situación embarazosa o darle órdenes como a un soldado, no querría saber nada de usted.

En numerosas ocasiones tratamos a nuestros hijos como a criaturas de segunda clase, desprovistas de sentimientos y, no obstante, ¡cuánto los apreciamos!

Cada vez que hacemos que un niño se sienta pequeño, avergonzado, culpable, inexistente o angustiado, lo disminuimos, le negamos el respeto, destruimos su seguridad y dañamos su autoestima.

De variadas y pequeñas maneras olvidamos concentrarnos en los dones únicos que cada niño posee. Cuando habitualmente atendemos a lo que falta, el aprecio deja de sentirse. Si reconocemos al niño lo que sabe hacer y lo apoyamos, estamos fortaleciendo su confianza. Su propio sentido del éxito es la clave de su confianza en sí mismo, que alimenta su convicción de tener algo que ofrecer, y esto, a su vez, lo impulsa a realizar nuevos esfuerzos. Si el niño no es demasiado exigente consigo mismo podrá proponerse metas más realistas, metas que le resulte más probable alcanzar. Los éxitos obtenidos incrementarán su autorrespeto. Cuando el niño siente que los errores de su conducta no lo hacen menos digno de ser querido, también se hace más tolerante con los demás. Puede valorarlos. No se concentra en las debilidades que tienen, ya que sus personas queridas no se concentraron en las de él. Esta actitud, a su vez, atraerá a los demás y se sentirá más apreciado.

➤ Consejos útiles

Sin ir más lejos, cualquier esfuerzo que hagamos para aumentar nuestra capacidad de aprecio se reflejará en la autoestima de nuestro hijo. Así, que ha llegado el momento en que se pregunte cuánto se valora usted mismo. ¿Qué conciencia tiene de sus propias cualidades especiales como persona? ¿Aprecia el hecho de que no haya en el mundo otra persona que sea exactamente igual a usted? ¿Pide, serena, pero firmemente, que los demás muestren respeto por alguna de sus necesidades, o juega a que da lo mismo? ¿Respeta sus necesidades físicas y emocionales y trata tenazmente de satisfacerlas? ¿Se permite disponer de tiempo para estar con otras personas con las que se siente a gusto? ¿Se reserva tiempo para hacer cosas que le gustan? Sea sincero.

Y, recuerde, cuanto más satisfecho esté usted, más podrá nutrir a los demás.

«Mi hijo tiene miedo de expresar sus sentimientos»
[Emociones reprimidas]

> ➤ Qué ocurre exactamente

El respeto por los sentimientos del niño forma parte del respeto por su integridad. Las emociones surgen espontáneamente y son parte integrante del yo privado de la persona.

A veces, y sin querer, tratamos a los niños como si fueran «ordenadores» emocionales. Queremos que se lamenten cuando nosotros nos lamentamos, que tengan hambre cuando la tenemos nosotros, que se interesen por algo cuando nos interesa mucho. En fin, les exigimos que adapten sus sentimientos a los nuestros y nos enfadamos si no lo hacen.

Cuando imponemos los sentimientos que el niño debería tener, le pedimos literalmente que renuncie a la propiedad de sus experiencias personales internas. Pero eso es algo que él no puede hacer, ya que carece del poder de manufacturar sus emociones, como mucho las podrá reprimir o fingir. Pero, ojo, las emociones ocultas permanecen muy vivas y, más pronto o más tarde, dirán invariablemente su última palabra.

Unos padres que no aceptan los sentimientos de su hijo seguramente generarán en el niño desconfianza hacia ellos, primero, y una negación de los propios sentimientos y emociones, después. Como resultado, el niño puede no darse cuenta de lo que está sintiendo (negación de los afectos) o puede que, por temor a sus padres, aprenda a silenciar sus sentimientos en su interior.

No nos confundamos, el permitir que el niño sea dueño de sus sentimientos no significa que le dejemos hacer todo lo que quiera. Hay una gran diferencia entre detener un acto y dar órdenes a las emociones. La conducta necesita a menudo que se la limite. Nos estamos refiriendo a la libertad de sentir y no a la libertad de actuar.

➤ Cómo actuar

Si, por ejemplo, María quiere un caramelo y su madre no quiere que lo tome hasta después de comer, ésta puede actuar de varias maneras: «María, no puedes querer comerte el caramelo ahora porque después no tendrás ganas de comer. Así que guárdalo para cuando acabes la comida». Aquí es la madre de María quien quiere que la golosina se tome después de comer. Sin pensarlo, esta madre exige que su hija sienta como ella. Para haber resuelto más positivamente la situación, podría haber dicho: «María, sé que te apetece mucho comerte ese caramelo ahora (lo cual equivale a decir: «Tienes derecho a tus sentimientos aunque difieran de los míos»). Pero tendrás que esperar hasta después de comer (aquí la madre limita la acción). Si tienes hambre, te preparo ya la comida».

➤ Consejos útiles

No es fácil resolver estas situaciones de la mejor manera posible, es cierto, ya que no es fácil encontrar un padre que ofrezca a sus hijos el privilegio de poseer sentimientos separados y distintos de los de él. La mayoría de nosotros hemos vivido con otros padres que nos han exigido sentir como ellos y, si nosotros no tenemos cuidado y no nos concienciamos, trataremos a nuestros hijos como nuestros padres nos trataron.

Sin duda, es difícil permitir a los niños sentimientos que a nosotros nos enseñaron como inaceptables. Las emociones de los niños suscitan nuestros propios sentimientos reprimidos y prohibidos.

Cuando el niño siente que el ser aceptado depende de que se transforme en una copia fiel de sus padres y educadores, su seguridad y originalidad se ven amenazadas.

Aunque son muchos los progenitores que creen que respetan la individualidad de su hijo porque les permiten elegir sus ropas, juguetes, música, estudios, etc., eso no es suficiente. Si queremos demostrar respeto sincero por la individualidad de nuestro hijo, debemos renunciar a exigirle que reniegue de sus sentimientos.

Para poder dar lugar a esas diferencias pensemos en cuál es la medida de nuestra capacidad para cambiar y crecer, y para permitir que nuestros hijos hagan lo mismo. Escuchemos lo que tenemos que decirnos. Notemos cómo nos sentimos. Si, para nosotros, la diferencia brilla con luz pálida e indistinta, enseñamos que la originalidad es errónea y, en consecuencia, generamos reflejos negativos. Somos tolerantes cuando admitimos las diferencias, sin requerir nuestra aprobación.

Cada uno de nosotros aporta a toda situación su propia autenticidad, sus experiencias pasadas y sus sentimientos. Cada uno de nosotros ve las cosas con leves o grandes diferencias. Es necesario tener presente en todo momento que la manera de ver y sentir de cada uno no es la única.

El punto de vista del niño es tan válido para él como el nuestro para nosotros.

«Mi hijo se siente incomprendido»

[Empatía]

➤ Qué ocurre exactamente

Cuando su hijo comparte un sentimiento con usted, no quiere que se le desapruebe ni que le dé razones por las cuales no debería sentir lo que siente. Él necesita que lo oiga con comprensión, y cuando por fin sienta usted que lo comprende, entonces estará preparado para hablarle.

La empatía es la palabra que define la comprensión que todos anhelamos. La persona empática no está con nosotros para coincidir o discrepar, sino para comprender sin emitir juicios.

➢ Cómo actuar

Cuando un padre es empático, no trata de modificar los sentimientos del niño sino de entender cómo experimenta cualquier situación, sea la que sea. No intenta ver por qué él siente lo que siente, sino que se limita a captar todos los matices de sus sentimientos de ese preciso instante. De esta manera, llega a ver y sentir como él.

Nadie puede conocer a un niño si no comprende antes cómo éste organiza personalmente lo que le ocurre. No hay forma de conocerlo, a menos que uno penetre en su mundo íntimo privado. El ser humano vive, respira y muere psicológicamente en el ruedo de los sentimientos. Quien cierra la puerta a los sentimientos corta su vida, su crecimiento y su esencia de la autenticidad.

La empatía consiste en oír con el corazón, y no con el cerebro, es decir, que si el comentario que nos hacen va acompañado de un tono de voz sincero y cálido, nos sentimos más comprendidos que si el tono es frío e impersonal.

La empatía resulta más fácil para quien es sensible a los tonos e inflexiones de la voz, a las posiciones corporales, a los gestos y a las expresiones faciales porque a través de ellos se transmite más del ochenta por ciento de información de cada mensaje; el resto lo transmiten las palabras.

➢ Consejos útiles

Sea cual sea nuestro nivel de empatía, éste siempre puede aumentar con un poco de práctica y esfuerzo. El grado de empatía depende de la propia sensibilidad e intuición para captar las propias y ajenas emociones y sentimientos. La empatía se produce más fácilmente cuando entendemos que nuestro papel es el de un ser que nutre y posee una gran confianza en la capacidad de nuestro hijo para autodirigirse.

A menudo nos ocurre que, en vez de tratar de comprender, discutimos, peleamos o ejercemos presión para que nuestros hijos organicen sus reacciones como lo haríamos nosotros si estuviésemos en su lugar. Pero el hecho es que nosotros no somos nuestros hijos. Ellos poseen su forma propia y exclusiva manera de organizar sus experiencias, y esa exclusividad es sagrada y debe respetarse. Si toleramos las diferencias y respetamos la integridad de los demás, facilitamos la empatía.

Y no nos olvidemos tampoco de la importancia de nuestra actitud hacia las emociones en general. Si les tenemos miedo nos será difícil llegar a la acción sinceramente empática. La empatía implica escuchar y aceptar los sentimientos como realidades verdaderas. Si nos mantenemos abiertos a nuestros propios sentimientos y renunciamos a juzgarlos, estaremos en mejores condiciones de ofrecer seguridad empática a nuestros hijos.

Nuestra empatía ayuda a nuestros hijos a sentirse comunicadores eficientes. Les enseña que pueden llegar hasta las personas que ellos sienten como importantes y que los rodean. Y, por si esto fuera poco, el éxito en la comunicación es importante para el autorrespeto. La empatía es crucial para mantener abiertas las vías de comunicación. Los niños dejan de hablar cuando se sienten constantemente mal entendidos, o sea, poco o nada comprendidos.

«Mi hijo siempre parece estar como tenso»

[Sentimientos negativos]

➤ Qué ocurre exactamente

Muchos padres se preguntan por qué resulta tan problemático el manejo constructivo de los sentimientos.

La mayoría de nosotros, cuando éramos pequeños, nos encontramos con nuestros propios sentimientos sometidos a los métodos tradicionales que imperaban en aquel momento en nuestra cultura. En este sentido, han cambiado bastante poco, ya que solemos actuar casi de la misma manera ante nuestros hijos. Pensemos con cuánta frecuencia desatamos el razonamiento, la lógica, el juicio, el consenso, la reafirmación y la negación cuando expresamos un sentimiento negativo.

Los sentimientos negativos son un hecho de la vida y son prácticamente inevitables, pero aun así, a todos nos han enseñado que por nada del mundo debemos tenerlos. Y estamos convencidos de ser menos valiosos o menos maduros cuando tales sentimientos se nos presentan. Pero la realidad nos demuestra que nadie puede vivir día a día sin conflictos y que estos engendran sentimientos.

➤ Cómo actuar

Por ello es aconsejable que, en primer lugar, tomemos conciencia de que la manera más rápida de afrontar las emociones negativas y la única manera de asegurarnos de que no se transformen en síntomas perjudiciales consiste en permitir su expresión. Los sentimientos negativos que se expresan y se aceptan pierden su poder destructivo.

Pocos padres reciben instrucción para adquirir la habilidad necesaria con la que aliviar las emociones negativas (rabia, enojo, ansiedad, angustia, agresividad...), por lo que no es extraño que tantos fracasen dolorosamente en el manejo de los sentimientos, en especial los negativos. Debemos empezar por nosotros mismos.

Los sentimientos son un arma de supervivencia, ya que movilizan el cuerpo para la acción. Bajo la tensión de las emociones intensas entran en acción ciertas glándulas que producen cambios fisiológicos mayores. Aumenta el ritmo cardíaco; la sangre, concentrada en el sistema digestivo, es enviada hacia los grandes músculos del cuerpo; el hígado vierte azúcar en el torrente sanguíneo para proveer energía adicional; también se vuelca adrenalina en la sangre, el tiempo de coagulación disminuye, la respiración se hace más rápida y se activan las glándulas sudoríparas. Las emociones intensas nos han transformado en personas químicamente distintas.

➤ Consejos útiles

En ese momento, por mucho que nos digan que nos calmemos, nuestros oídos oyen el mensaje, pero no nuestras glándulas. Para trabajar constructivamente con las emociones debemos saber que estos cambios fisiológicos son desatados por los sentimientos y que no se detienen con órdenes. Es más, la orden de acabar con el propio sentimiento aumenta la frustración y eso hace, contra nuestra propia voluntad, que las glándulas trabajen todavía más vigorosamente.

Cuando los sentimientos negativos se reprimen, el cuerpo permanece en estado de tensión. Cuando ya llevamos muchas presiones acumuladas, su alivio se produce a través de diversas válvulas de escape. Las emociones contenidas pueden volverse contra el yo a través de jaquecas, sonambulismo, hiperactividad, obsesiones, enfermedades psicosomáticas..., o bien volcarse hacia fuera, en forma de hostilidad hacia los demás y hacia la sociedad.

El manejo constructivo de los sentimientos negativos es, sin duda, un tema de interés vital para todos, en especial para quienes convivimos con niños. Cuando las emociones, sean positivas o negativas, se presentan, debemos escucharlas con empatía, aceptar los sentimientos y proveernos de válvulas que estimulen la expresión. Estas válvulas de expresión tienen como misión dar vía a la emoción sin que se dañen personas o cosas valiosas. Podemos ofrecer juegos, pinturas, papel, lápices de color, arcilla o marionetas.

Claro que también se presentarán ocasiones en las cuales no dispongamos de válvulas de expresión, como cuando vayamos de compras, por ejemplo. En este caso, reflejemos verbalmente los sentimientos del niño, fijemos límites a su conducta y démosle la oportunidad de desahogar el conflicto cuando lleguemos a casa.

«Mi hijo estalla en violentos ataques de ira»

[Ira]

➢ Qué ocurre exactamente

Con frecuencia, los seres humanos transformamos en ira nuestros sentimientos primarios de preocupación, culpa, decepción, rechazo, injusticia, incertidumbre o confusión. Rara es la vez que la ira se presenta en primer lugar. Así pues, la ira actúa como un código, un código que nos va a dar muchas pistas.

Saber que la ira cubre una emoción anterior nos ayuda a manejarla con más eficiencia, tanto en nosotros mismos como en nuestros hijos.

Cuando aceptamos la ira a través de nuestra atención activa (cuando los escuchamos y dialogamos de forma abierta y sincera), los niños nos conducen al sentimiento subyacente. El código queda desvelado y llegamos al núcleo del problema.

Cuando los sentimientos se transforman en palabras y se aceptan, la niebla que los rodea desaparece, y sale a la superficie la causa que provocó semejante ira.

Todo sentimiento negativo puede transformarse en ira, pero en cada etapa de la vida hay situaciones particulares que la producen más que otras.

➤ Cómo actuar

En el niño, la hostilidad se relaciona con necesidades físicas y emocionales insatisfechas. El dolor de estómago por hambre, la irritación de los pañales sucios o la necesidad de caricias lo hacen gritar pidiendo auxilio. Una vez que se satisfacen sus necesidades con cierta rapidez, no tiene que enfrentarse a cantidades agobiantes de frustración.

La búsqueda de poder, dominio e independencia causa en el niño preescolar choques frontales con quienes lo rodean y con el entorno. Su vida contiene miles de frustraciones. Su necesidad de gran actividad muscular convierte las restricciones físicas en verdaderas torturas.

Si queremos reducir la cantidad de esos accesos de ira, tendremos que moderar las frustraciones en momentos en que el niño se somete a grandes ajustes psicológicos debido a su etapa de crecimiento o a circunstancias externas. Para disminuir los conflictos propiciémosle un ambiente que se ajuste a sus necesidades y evitemos aislarlo en sus ataques de ira o expresión de malestar.

Con todo ello, no estamos diciendo que la frustración sea, en sí, mala para los niños. Un niño sin frustraciones es un niño permanentemente angustiado porque la mínima contrariedad le será insoportable. El secreto reside en cuánta frustración recibe el niño, en qué etapa de su vida y con qué frecuencia. Una cantidad adecuada en el momento oportuno eleva la tolerancia a la frustración y aumenta la competencia del niño para enfrentarse a ella.

Como es imposible eliminar todas las situaciones que producen ira, trataremos al menos de reducir su cantidad. Siempre nos encontraremos muchas ocasiones en que los niños sean presos de la ira. Entonces nuestra tarea consistirá en ayudarlos a expresarla directamente. Eso es, precisamente, lo que hacemos cuando les brindamos comprensión empática mediante nuestra atención participativa, cuando aceptamos su emoción y canalizamos su ira por salidas seguras.

➤ Consejos útiles

En general, los niños nos comunican directamente que están bajo una crisis de ira. El niño en edad preescolar muerde, golpea, empuja, grita, escupe, araña o pellizca, y no hay dudas de que está furioso. En resumidas cuentas, intenta decirnos: «¡He perdido el control! ¡Me siento frustrado por completo!». En momentos así, el niño necesita asistencia constructiva: nuestra atención y canalización de sus sentimientos hacia salidas que ocasionen el menor daño posible. Recordemos que cuando cerramos las puertas a la descarga de la ira, volvemos literalmente a la represión, con todas sus desventajas.

Cuando un niño teme expresar directamente su ira lo hace por otras vías. Así, por ejemplo, la hostilidad de Juan por su hermano se desata contra los niños del vecindario. Laura transforma la suya en crueldad contra los animales. Y Luis, para manejar la agresividad que siente hacia sus padres, la proyecta contra los valores de éstos. Ellos valoran la puntualidad; él se especializa en llegar siempre tarde. Ellos pregonan la cortesía; él cultiva la rudeza. En fin, otros se incorporan a una especie de «grupos de odio», o vuelcan su agresividad contra ellos mismos mediante vómitos o accidentes constantes.

La depresión puede constituir otro signo indirecto de la ira. En la depresión infantil con frecuencia puede observarse que los niños se sienten poco atendidos emocionalmente, que se les presta poca atención (es un cuadro carencial, generalmente), y que su ira y su queja tampoco tienen quien las escuche. Por ello los niños a menudo pueden inhibirse y mantener todo ello en su interior, con las consecuencias negativas que ello supone. Inhiben la agresividad, pero también inhiben la comunicación, la capacidad de aprendizaje, las ganas de juego, etc.

Si nuestro hijo emplea alguna de estas vías indirectas para expresar su frustración es señal de que no se siente lo bastante seguro para revelarla directamente. Somos nosotros los que tenemos la responsabilidad de ayudarlo a encontrar salidas socialmente aceptables. Recordemos que para trabajar constructivamente con la ira del niño debemos aceptar todas las partes de su ser, sin juicios negativos.

«Mi hijo siente unos celos atroces»

[Celos]

➤ Qué ocurre exactamente

Los celos son un sentimiento natural en el ser humano. Revelan la necesidad de tener atención y amor exclusivos del otro.

El tratar de eliminar los celos de una persona por completo es prácticamente imposible ya que forman parte indivisible de la vida.

Los celos se suelen presentar cuando nos sentimos en desventaja. Es la angustia que grita: «Me siento amenazado, engañado, inseguro o excluido».

Intenso o suave, el sentimiento de los celos significa que uno se siente por debajo de lo que le resulta cómodo. Que la desventaja sea real o imaginaria no importa. Los celos son siempre reales para la persona que los padece.

Se preguntará por qué los niños son tan propensos a sentir celos. La propia vida familiar presenta desventajas intrínsecas para los hermanos, que desean el amor y la atención exclusivos de sus padres. Pero tampoco el hijo único está libre de ese sentimiento. Éste se puede sentir celoso de otros niños o de la atención que sus padres se ofrecen uno a otro.

➤ Cómo actuar

Cuando los celos son el tema principal en la vida de un niño o cuando, por el contrario, éstos no asoman ni por casualidad, estamos ante un indicativo de que el niño necesita ayuda.

En el primer caso debemos, antes que nada, plantearnos qué significa este sentimiento para nosotros para poder entender mejor a nuestro hijo, y trabajar este sentimiento con él. Después procuraremos, en lo posible, reducir el número de situaciones que los causen (evitar más atenciones, en su presencia, a los hermanitos pequeños...), y finalmente trabajaremos con el sentimiento cuando éste se presente. En el segundo caso, el niño carece de la seguridad suficiente para expresar sus verdaderos sentimientos.

Aunque parezca que las rivalidades entre niños no tienen también sus beneficios, esto no es así. Por ejemplo, los hermanos ayudan al niño a enfrentarse a una de las grandes realidades de la vida: uno no puede recibir atención exclusiva, ni gozar de todas las ventajas. Dura lección, especialmente para el niño pequeño, que tiene que aprender que el amor no es como los caramelos: compartir el amor no significa recibir menos.

Las rivalidades familiares más o menos normales disminuyen el egocentrismo infantil y ayudan al niño a desarrollar fuerzas y recursos internos. Por molestas que sean, brindan experiencia en el trato con los demás.

Para disminuir los celos es conveniente reducir la cantidad de ocasiones en que el niño se siente en desventaja. Recordemos que el niño convencido de su propio valor se siente menos amenazado por las ventajas de los demás, y puede entender el hecho de compartir el afecto de sus padres porque sabe y siente que posee un sólido y exclusivo lugar en su corazón.

El niño que se siente inútil y poco apreciado es presa fácil de los celos. Sin confianza en sí mismo, se siente defraudado en todo momento. Tiene que acaparar lo que pueda y buscar oportunidades para disminuir a los demás. No puede permitirse, por nada del mundo, compartir el tiempo y la atención de sus mayores.

Los niños que consiguen gustarse a sí mismos pueden experimentar brotes de celos, que por sus experiencias positivas y su autoconfianza duran muy poco tiempo.

➤ Consejos útiles

Trabaje con su hijo para desarrollar sus intereses y talentos especiales. Trátelo como un ser único y prevenga los celos innecesarios construyendo la autoestima del niño, evitando someterlo a trato desigual, impidiendo utilizarlo para cubrir sus necesidades insatisfechas y evitando compararlo con los demás.

Seamos realistas: aunque disminuyamos las situaciones que desatan los celos, éstas seguirán apareciendo en diversas oportunidades. Entonces, nuestro trabajo no consistirá en decidir si el niño tiene motivos o no para sentir celos. Si tratamos de discutir si hay razón o no para que éstos existan, sólo lograremos hacer aún más desdichado al niño. Por ello, trabajaremos con los celos como una cosa real, hayan o no razones lógicas que los comprendan. Todos sabemos en qué medida pueden ser irracionales los sentimientos, pero ocurre que cuando uno los acepta como algo normal por el mero hecho de que existan, el niño se hace más realista en sus reacciones.

Un niño que siente celos se muere porque lo comprendan empáticamente;

por ello, una forma de dar expresión y salida a esa necesidad de comunicación puede venir a través del uso de palabras, la realización de dibujos, la pintura, la música, el baile, composiciones con arcilla o plastilina para modelar o representaciones dramáticas jugando con muñequitos o animales, que permitan expresar su fantasía y su mundo interior.

La comprensión empática que recibe el niño aumenta la probabilidad de que pueda enfrentarse a la realidad. Así, nuestra tarea consiste en ser empáticos. Todo niño debe sentirse comprendido, incluido e importante. Cuando el niño está seguro de todo ello, no necesita emplear artilugios para eliminar sus desventajas.

«Mi hijo parece estar siempre agotado»

[Estrés]

➤ Qué ocurre exactamente

Las prisas y el estrés son nefastos para la salud física y mental de los adultos y, aún mucho más para los niños. Cuando no existe tiempo que perder, tampoco lo hay para esmerarse en los detalles, para trabajar diariamente en una relación, para ganarse el cariño y la confianza de esa persona. El estrés constituye un gran obstáculo de la espontaneidad y de la naturalidad. Cuando se acumulan preocupaciones y tensión, difícilmente se pueden mostrar de forma abierta y adecuada las emociones, y cada vez que se ocultan algunas de las emociones, aumenta el estrés.

Cada niño tiene una forma determinada de expresar el estrés; así, lo que es estresante para un niño no lo es para otro. Los dolores de cabeza o de estómago pueden ser manifestaciones del estrés.

Cuando un niño, o un adulto, está sometido al estrés pierde en cierto modo la noción de la realidad. Todo le parece excesivo. Los deberes le resultan inabordables, las relaciones familiares, irritantes, y hasta el jugar lo desborda.

➤ Cómo actuar

Existen muchas situaciones que pueden causar estrés en los niños. Piense si alguna de las que se detallan a continuación se han dado en el entorno del niño:

✔ Divorcio o separación de los padres.
✔ Fallecimiento de un familiar.
✔ Enfermedad.
✔ Cambio de casa o de escuela.
✔ Llegada de un nuevo hermanito.
✔ Dificultad para adaptarse al nuevo curso.
✔ Problemas con otros niños.
✔ Nuevas actividades que le representan un gran esfuerzo.
✔ Demasiadas actividades extraescolares o exámenes.

Sin duda, los niños necesitan estabilidad. Ante cualquier cambio en su vida, intente mantenerlos informados, hablar con ellos para explicarles todo lo que deseen saber, escucharlos y comprender el motivo de su angustia.

➤ Consejos útiles

Podemos ayudar a nuestro hijo a afrontar el estrés valorándolo y educándolo para que desarrolle determinadas cualidades:

✔ Una buena autoestima.
✔ La sensación de controlar la propia vida.
✔ Tener una familia y amigos que proporcionan apoyo.
✔ Factores personales como flexibilidad y esperanza.
✔ Capacidad de expresar los sentimientos y las emociones abiertamente.
✔ Ayudarle a descubrir el poder terapéutico de la risa e incluso del llanto.
✔ Tener sentido del humor.
✔ Ser capaz de resolver los problemas.

«Mi hijo cada noche se orina en la cama»

[Incontinencia de la orina]

➤ Qué ocurre exactamente

Es probable que se sientan preocupados si su hijo se hace pipí cada noche en la cama cuando otros niños de su edad ya no se lo hacen. Evitar que se escape el pipí por las noches mientras se duerme no es algo que se resuelva por arte de magia a partir de los tres años. Es más, algunas estadísticas indican que entre los siete y diez años aún hay un 25 por ciento de niños que mojan la cama. Se trata de un problema común, pero no por ello menos importante, y más sabiendo que no suele tratarse de una forma abierta. Ocurre tanto con niños como con niñas y el sexo no influye en la forma de afrontar la cuestión. Para tranquilizarse, hable de este tema con su pediatra, comprobará que se trata de un problema que afecta a los niños con frecuencia.

Los médicos señalan que el motivo más corriente de este problema es la falta de madurez. Su médico puede buscar primero posibles problemas orgánicos, alergias y estrés en la familia, y seguramente también le preguntará sobre la situación o historial familiar. Parece ser que la incidencia es mayor cuando uno de los progenitores, o los dos, sufrió ese mismo problema de niño. El pediatra posiblemente nos aconseje que nos limitemos a esperar un poco más hasta que el niño madure por sí solo. Llegados aquí, posiblemente nos planteemos como padres: «¿Qué está pasando para que mi hijo se comporte o funcione como un niño más pequeño? ¿Por qué no puede madurar y hacerse grande en esto? ¿Qué es lo que le hace sentirse mal y expresarlo así? ¿Qué es lo que le genera esta inseguridad que le hace comportarse como un bebé?». La experiencia demuestra a menudo que los mayores éxitos empiezan a conseguirse cuando los padres se han concienciado y ofrecen un amor incondicional a su hijo, a la vez que lo animan a ser responsable de sus actos.

A partir de los cinco años es muy probable que su hijo sufra esta falta de control y se sienta incómodo. En ocasiones posiblemente no quiera acostarse y tema quedarse en casa de amiguitos o ir de colonias. Su hijo necesita un estímulo de usted. Administre sabiamente su energía para ser paciente y no perder la confianza de su hijo. Su mensaje puede ser como el siguiente: «Cariño, no te preocupes, yo sé que no te encuentras bien y que te gustaría despertarte seco. Sé de sobras que tienes muchas ganas de que ello ocurra. ¡Tengo absoluta confianza en que lo conseguirás!».

➢ Cómo actuar

No estaría de más que pidiese a su pediatra un reconocimiento médico para analizar el problema o enviarlo a un buen especialista. Junto a su hijo, invente una especie de programa para mostrarle su ayuda e invitarlo a que colabore de forma responsable. Ayúdelo a sentirse con un cierto grado de control:

✔ Primero identifique los sentimientos del niño: «Óscar, cuando mojas la cama sé que te sientes muy molesto».
✔ Luego muestre su comprensión: «Yo también me sentiría muy mal. Uno debe sentirse muy frustrado».
✔ Seguidamente manifieste sus sentimientos de la forma más breve y clara: «Sabes que te quiero y deseo hacer lo mejor para ti. Nunca me enfado cuando te haces pipí en la cama; lo que pasa es que a veces estoy un poco cansada de lavar tantas sábanas y puede parecer que esté algo enfadada».
✔ En cuarto lugar, hable con su hijo de las soluciones: «Sé de sobras que eres una persona muy capaz. Nosotros te ayudaremos siempre a conseguir lo que necesitas. Estaremos muy contentos y orgullosos de poderte ayudar cuando sea necesario».
✔ Y, finalmente, haga un seguimiento: «Vamos a pensar qué día de la semana puede ir mejor para hablar de cómo va todo».

Antes de ir a dormir recuerde a su hijo el hacer pipí. Después, a media noche, puede levantarse para orinar de nuevo. La idea es ayudar a su organismo para que se despierte cuando necesita orinar.

Durante esta etapa de resolución del problema no critique a su hijo ni le recuerde continuamente el tema. Dedique suficiente tiempo a enseñar a su hijo a dominar la situación. La idea de actuar en equipo puede ser de gran ayuda. Muestre su buena disposición refiriéndose siempre a «nosotros»:

✔ A su hijo de cuatro o cinco años ayúdelo a deshacer la cama y a poner las sábanas limpias, pero deje que él solo meta las sábanas y el pijama mojados en la lavadora: «Date cuenta, Sonia, de que somos como un equipo. Los dos cambiamos la ropa de la cama, tú pones las sábanas mojadas en la lavadora y yo las lavo».

✓ Si su hijo es mayor, la responsabilidad puede ser también más amplia: «David, ya sé que quieres dejar de hacerte pipí en la cama. Estoy segura de que pronto lo conseguirás. Los dos trabajaremos en equipo. A partir de hoy, si tu cama está mojada por la mañana, tú sacarás las sábanas y las pondrás en la lavadora. Yo las lavaré. Las limpias, ya sabes que están en el armario. De momento te ayudaré a ponerlas hasta que sepas hacerlo tú solo». Cuando vea que su cama está mojada, muestre aparente indiferencia. Sea consecuente y deje que su hijo acepte la responsabilidad. No haga el trabajo que le corresponde a él. Ya sabemos que le sería más sencillo hacerlo usted, pero es imprescindible que dé tiempo a que él lo lleve a cabo. No se muestre compasivo.

Escuche siempre lo que su hijo tiene que decirle porque quizá un día le sorprenda descubrir que él tiene una razón para mojar la cama. Quizá tiene miedo de levantarse a oscuras. Tranquilícelo: «No eres el único. A muchos niños les ocurre lo mismo». Cuando pase una noche sin hacerse pipí no exagere la celebración. Puede ocurrir que su hijo crea que sólo es querido cuando no se hace pipí. En lugar de ello, diga con tranquilidad: «Inés, está noche no has mojado la cama. ¿Estás contenta?». Observe los sentimientos de su hija sin juzgarlos. «Te sientes feliz porque sabes que puedes hacerlo y volverás a conseguirlo otra vez. Yo también estoy muy contenta».

> ## Consejos útiles

✓ Prepare su cama lo más impermeable posible para simplificar esfuerzos y problemas tales como tener que dejar secar todo el día un colchón empapado.

✓ Deje a mano un pijama limpio para que el niño pueda cambiarse a media noche si se despierta y se nota húmedo. Deje también una toalla para aislar la humedad.

✓ Disponga de un poco de tiempo para conocer cuáles son los sentimientos de su hijo. Antes de que se acueste, pregúntele cuál ha sido el mejor momento del día y cuál ha sido el peor.

✓ Lean juntos a menudo cuentos infantiles que traten de alguna forma el tema de las emociones infantiles y cómo comprenderlas.

✓ Reserve un tiempo para estar a solas con su hijo: apague la televisión, conversen mientras cenan...

«Mi hijo quiere dar su opinión acerca de todo»
[Imponer la propia opinión]

➤ Qué ocurre exactamente

A menudo los padres creen que porque sus hijos son pequeños no tienen su propia opinión y no les permiten que opinen. Y cuando son grandes, como ya saben que a todo se van a oponer, ni siquiera les preguntan. De esta sencilla manera, muy pocas veces se les tiene realmente en cuenta.

Que escuchemos a nuestro hijo no nos obliga a cambiar drásticamente el curso de los acontecimientos, como tampoco que le permitamos hacer lo que quiera. Sólo se trata de que seamos capaces de comprender cómo ven ellos el mundo desde su perspectiva.

➤ Cómo actuar

Entre los dos y cuatro años los niños viven una etapa, que diríamos que es egocéntrica: si escuchamos su opinión sobre ciertos temas puede resultar tan tierno como divertido para ambos si sabemos ponernos en su lugar. Se han descubierto a sí mismos y al mundo, y hablan desde el centro de su propio universo.

Luego, hasta aproximadamente los diez años, viven emociones y sentimientos confusos, que oscilan entre aquello que dejaron en la primera infancia y los logros actuales. Sus opiniones en esta etapa son muy variables pero también muy ocurrentes, hasta el punto de que pueden sorprendernos por su originalidad e ironía.

Para conseguir que nuestros hijos opinen podemos narrarles cuentos, leyendas o fábulas adaptándolas a su edad. Cuando acabe, pregúntele si le ha gustado, qué opina de algún personaje, o si le parece bien cómo termina la historia.

Cuando el niño tiene tres años aún no entiende más de un hilo argumental y los personajes deben ser muy conocidos, como su mascota, sus muñecos o su familia, por ejemplo. Tampoco conviene que la narración se prolongue más de diez minutos.

A los cuatro años, el niño ya está preparado para que le hablen de temas que incluyan al barrio o la escuela, así como que le hablen de personajes de ambos ámbitos.

A los cinco años, ya se le puede hablar de los planetas, del sol o de un viaje intergaláctico, que comprenderá perfectamente y agradecerá.

➤ Consejos útiles

✓ Conversar, crear espacios de comunicación en la mesa, procurar que su vida se ponga en común con las del resto de la familia. No olvide nunca que la opinión de los niños sólo es válida para comprender un poco más su manera de ver el mundo y, si es necesario, para que podamos dar un giro a la forma en que los estamos educando.

✓ También es muy recomendable motivar y estimular la opinión de los niños para resolver situaciones presentadas a través de juegos de ingenio o cuestiones relacionadas con el cuidado de la naturaleza o el medio ambiente.

✓ Tenga en cuenta que, durante el juego, su hijo está aprendiendo a negociar y a compartir, a opinar y a aceptar el punto de vista de los demás.

✓ Encuentre junto a él el placer de ver el mundo desde el asombro y la ingenuidad, y mientras tanto, no olvide elogiar su independencia y esfuerzo. Él también espera y desea su opinión.

«Mi hijo me dice que le miento»

[Falta de sinceridad]

➤ Qué ocurre exactamente

Es muy importante decir a nuestros hijos la verdad, por desagradable que sea, ya que las palabras pueden funcionar como una caricia o como una traición, pueden proteger o desamparar.

Imaginemos que lo que estamos diciendo a nuestro hijo no es verdad y él lo descubre. Puede suceder que se sienta engañado y pierda confianza en nosotros, o que acabe con un gran resentimiento por no haber confiado en él.

Reflexionemos sobre la incapacidad que, a veces, podemos tener los padres a la hora de enfrentarnos a nuestros hijos, desvalorizando en cierto modo su capacidad para comprender. Pero también es cierto que nuestras medias verdades encierran un gran miedo a no ser queridos o aceptados, nuestra propia dificultad para afrontar la verdad o la realidad.

➤ Cómo actuar

Si llegado el caso no estamos en condiciones de decir la verdad, es mejor que guardemos silencio o esperemos un momento más oportuno. De hecho, no debemos compartir cada cuestión de nuestra vida emocional con nuestro hijo ni los vaivenes de nuestros sentimientos durante las veinticuatro horas del día, ya que es lógico que ello le perjudicaría en extremo.

Pero sí es cierto que, en general, nuestro hijos desaprueban las mentiras como podemos hacerlo nosotros con ellos.

Si como padres mentimos para conseguir su afecto o elogios, o para enmascarar sentimientos de culpabilidad, o bien porque consideramos que no podrían comprenderlo, es necesario ser conscientes de que tarde o temprano esto se transformará en un sentimiento difícil de sobrellevar, ya que necesariamente una mentira nos llevará a otra hasta que, en un determinado momento, seamos nosotros mismos quienes necesitemos decir la verdad. Por poner unos ejemplos de situaciones que se suelen ocultar: un hermanito, hijo de un anterior matrimonio de uno de los padres, una separación cercana, una enfermedad grave o una muerte son realidades que a menudo se distorsionan pensando que los niños no se enteran.

➤ Consejos útiles

Si mentimos, el motivo puede ser cualquiera, pero el resultado es el engaño y la falta de honradez por algo que quizás nuestros hijos habrían entendido mejor que cualquier adulto.

Es más, si cree que existen verdades que deben ser guardadas meticulosamente, mejor será que se replantee si esto es realmente así. Muchas de las cosas que juzgamos no son buenas ni malas en sí mismas y, en la mayoría de los casos, es la distorsión de nuestras convicciones heredadas lo que nos hace observar la realidad de un modo desenfocado o, sencillamente, tenemos una seria dificultad para afrontar la realidad.

«Mi hijo no participa de la fantasía de los cuentos que le explico»
[Confusión entre realidad y fantasía]

➤ Qué ocurre exactamente

Que duda cabe que una de las cosas que más gusta a los niños es inventar historias porque a través de ellas canalizan, como en sus largos monólogos, aquellas situaciones que les proporcionan algún tipo de desafío o conflicto.

Se trata de un estupendo mecanismo natural en el que en la mayoría de las veces no diferencian aquello que es realidad de lo que no lo es, por lo que no debemos catalogar a nuestro hijo de mentiroso si lo oímos contar una historia totalmente absurda o carente de sentido.

Sería deseable que utilizáramos este mecanismo natural de liberación de los problemas para ayudar a nuestro hijo a solucionar conflictos tales como la inseguridad, el miedo al abandono, los celos, el temor a la muerte o, por ejemplo, el estar obligado a tener que decir adiós cuando no lo desea.

➢ Cómo actuar

Cuando detecte que su hijo está atravesando por algún conflicto de los mencionados o parecidos, espere a encontrar un momento de tranquilidad en el que puedan comunicarse de un modo comprensivo y libremente. Va muy bien que sea de cara a la noche, ya que durante el día puede haber aliviado pero no resuelto el sentimiento negativo que lo acongoja y, por tanto, puede continuar aún en un secreto estado de ansiedad.

Acomódense en un lugar en el que nadie pueda molestarlos y donde no haya mucha luz. Prepare con antelación y mucho tacto el escenario del cuento que inventarán juntos. Por ejemplo, si su hijo tiene miedo al abandono porque usted está poco tiempo con él a causa de su trabajo, puede sugerirle la imagen de una casa abandonada en medio de un bosque, o una granja en la que hay un animalito que se siente muy solo.

A partir de aquí, deje que sea él quien determine el argumento, sólo guíelo para saber si es de noche o de día, si hay algún ser peligroso o no, o si el protagonista deberá arreglárselas solo o pedir ayuda a alguien, pero teniendo en cuenta que estas investigaciones nunca se realizan directamente. Por ejemplo, puede preguntarle: «¿Dónde está su mamá?, ¿está a salvo?».

Es importante que mientras su hijo esté narrando nunca lo corrija, aunque cometa equivocaciones con su lenguaje. Permítale inventar con sus propias palabras, dejándole el espacio necesario para la espontaneidad, la incertidumbre y la sorpresa.

➢ Consejos útiles

✓ Los niños, durante su relato espontáneo, desarrollan cierta habilidad para la improvisación; los padres, mientras tanto, deberán estar atentos para resaltar indirectamente aquellos puntos que crean convenientes al relacionarse directamente con el conflicto. Un modo de hacerlo consiste en presentar alternativas para que si eso le sucediera a otro personaje, descubriera qué camino seguir.

✓ Utilizar el humor durante la narración es muy importante, más aún porque estos relatos tienen un objetivo muy claro: ayudar al niño a liberarse de aquello que lo hace sentir de algún modo inadaptado. Dos factores primordiales para promover la risa son lo absurdo y lo ridículo, que bien jugados pueden ayudarlo a aliviar la ansiedad que le produce el conflicto.

✓ Finalmente, intente que poco a poco pueda ponerse en el punto de vista de los otros personajes que también están implicados en la trama. Ésta es una de las formas más eficaces de enseñar a nuestros hijos a ser tolerantes, a imaginar el mundo de quienes nos rodean.

✓ Una vez que acabemos el cuento podemos sugerir a nuestro hijo que dibuje los personajes que ha creado si le apetece.

«Mi hijo tiene a menudo pesadillas nocturnas y no sé a qué puede deberse»

[Pesadillas y monstruos]

➢ Qué ocurre exactamente

Sería conveniente que, al menos una vez por semana, se reúnan los padres con sus hijos para que todos cuenten sus sueños. El desarrollar en los niños el hábito de contar qué ha soñado no sólo será un gran beneficio para él, porque de alguna manera lo ayudará a perder el miedo a las pesadillas, sino que también le permitirá a usted conocer cuáles son los terrores de su hijo, qué cosas le promueven un sueño positivo y cuáles son las experiencias del día a día más favorables.

Los niños pueden imaginar que el escondite del monstruo es el armario, o el cajón de los juguetes, o detrás de la cortina. La mejor forma de hacerles ver que estas imágenes sólo forman parte de su mundo interno, es decir, que sólo están dentro de su cabeza, es hacer que hablen de ellas, que las describan, que jueguen con ellas como si se tratara de figurillas de aire que, al menor soplo, o porque ellos así lo desean, desaparecen en un instante.

➤ Cómo actuar

Es evidente que lo que desencadena este tipo de imágenes son los temores que suscitan situaciones cotidianas, por ejemplo, la lucha por conquistar un espacio propio, presenciar discusiones de los padres, o el no poder adaptarse a nuevas circunstancias como un cambio de ciudad o el divorcio, lo que además hace que se sientan vulnerables.

Así, a grandes rasgos y según estudios de psicología infantil, el miedo a la bruja mala estaría simbolizando a algún personaje femenino del mundo real a quien el niño teme; los ogros, a uno masculino, y los animales, a los propios impulsos negativos y destructivos que, por ejemplo, pueden generarse si después de discutir con otro niño ha quedado aún con rabia, si le han pegado, o si está tan enfadado como para romper o destrozar algún juguete al que generalmente quiere mucho.

Cuando el niño tiene un berrinche y sus padres gritan más fuerte que él para hacerlo callar, con toda seguridad el niño quedará con la rabia contenida dentro de él. Posiblemente proyecte su agresión hacia fuera, por ejemplo en forma de monstruo de grandes dimensiones, proporcional al tamaño de su rabia, aunque éste no es el único origen de los seres terroríficos de las pesadillas. También se encuentra en alguna historia que cuenta el hermano mayor, en un programa de televisión, o en una relación posesiva con alguien del entorno.

➤ Consejos útiles

Procure aliviar los terrores de su hijo asegurándole que usted no cree en los monstruos porque no existen y porque sabe que si él quisiera, los podría hacer desaparecer en un instante con un simple chasquido de dedos. Poco a poco puede proponerle jugar con ellos como con los personajes buenos de los sueños. Puede empezar interrogándolo:

✓ «¿Qué hace ese monstruo?».

✓ «¿Qué aspecto tiene?».

✓ «¿Sabrías dibujarlo?».

✓ «¿Qué es lo que más le molesta?».

✓ «¿Estás seguro de que no come palomitas mientras ve la televisión?».

Así, poco a poco, puede orientarlo hacia la esfera del mundo real, hacia sus costumbres. Hágale ver cómo el monstruo hace en realidad lo que él desea que haga, que no tiene autonomía, que no es capaz de realizar nada sin su consentimiento.

Para que al afrontar los cambios tenga una actitud más positiva se le ha de hacer entender que de nada sirve oponerse a ellos con rabia, temor, indiferencia o dolor. Explíquele cómo a veces es necesario cambiar el rumbo de los acontecimientos para alcanzar un aprendizaje mayor, para tener posibilidad de experimentar otras cosas que, siguiendo del mismo modo, podrían resultar imposibles de conocer.

Dígale también que la vida se transforma en nuestra aliada si estamos dispuestos a aceptar los cambios que ella nos propone, y que resulta sorprendente ver cómo aparecen nuevas oportunidades cuando uno no se opone a los cambios.

Al final, cuando el cambio se haya producido, recuérdele cómo los viejos temores comienzan a desvanecerse y cómo sus esfuerzos han dado un resultado positivo.

Y observen juntos cómo el hecho de haber estado en un primer momento indeciso entre lo viejo y lo nuevo ha sido parte del proceso de cambio.

«Mi hijo me habla como un bebé para lograr mi atención»

[Habla inmadura]

➤ Qué ocurre exactamente

Primero diferencie que no es lo mismo hablar como un niño pequeño que tener problemas de lenguaje y desarrollo del mismo. Los niños que escogen voluntariamente esta forma de hablar suelen utilizar un tono especial, algo lastimero. Posiblemente su hijo vuelva a utilizar expresiones infantiles y formas más sencillas de lenguaje: «Mami, pupita». Este comportamiento, aunque piense que es un retroceso, es normal y pasajero. Puede ocurrir que su hijo responda así a una situación que se le hace incómoda y desee recibir una atención extra. Esta forma de hablar puede estar causada por cualquier circunstancia nueva, como la llegada de un hermanito, el paso de la guardería a preescolar, la ausencia de uno de los padres por viaje, el regreso de mamá al trabajo, una situación de estrés en el colegio, ya sea con un compañero o con el profesor, etc. Recuerde también que su hijo puede retroceder hasta un comportamiento menos maduro cuando se siente cansado, tiene hambre o no aprecia la atención suficiente que necesita de los demás. Si insiste en que deje de hacerlo le estará dando demasiada atención al asunto. Lo mejor es que tenga confianza en él. Esta etapa acabará más rápidamente si le concede poca importancia a este tipo de comportamiento, pero no se olvide de valorar con entusiasmo sus esfuerzos por mantener un buen autocontrol, ser más responsable y colaborador, y aprender a elegir bien.

➤ Cómo actuar

Precisamente esta forma de hablar infantil cesará por sí sola cuando los padres comiencen a ignorarla. No ridiculice nunca a su hijo ni se ría de él. Hable con su hijo como si se tratara de un buen amigo, de forma directa. Con firmeza y amabilidad dígale: «Cristina, no te entiendo cuando hablas así y entonces no puedo ayudarte en lo que necesitas». Cuando hable normalmente no dude en elogiarlo: «¡Gracias!, ahora sí que te entiendo mejor». Aunque su hijo no desee comportarse como un adulto, es evidente que sí desea ser comprendido.

Intente reaccionar de una forma inesperada. En vez de mostrar su descontento, algo que espera su hijo, coja una silla, siéntese usted con el niño en su regazo y abrácelo sinceramente. Mécelo y dedíquele unos minutos de su tiempo para tratarlo como si fuera un bebé. Ambos experimentarán una gran sensación de bienestar. Espere que su hijo indique el final de los mimos.

Es preferible que sea sincero y si en ciertas ocasiones se siente cansado e irritado, hágaselo saber a su hijo. Separe siempre lo que el niño hace de lo que él es.

➢ Consejos útiles

✔ Busque un poco de tiempo para escuchar a su hijo y reflejar sus sentimientos. Lean libros juntos y hablen después sobre los sentimientos de los personajes.

✔ Piense en dos tareas domésticas al día para que su hijo las realice. Ello ayudará a su hijo a sentirse capaz y necesario. Es fácil que así acabe un comportamiento demasiado infantil.

✔ No haga por su hijo lo que él pueda hacer por sí solo. Él debe apreciar que usted se da cuenta de sus progresos y crecimiento.

✔ Ayude a su hijo a interiorizar la idea de que crece y es ya una persona capaz. Piense en alguna tarea que, al realizarla, él pueda experimentar el éxito: deportes, música, danza, pintura o cualquier otra actividad estimulante.

✔ Analice con atención sus actividades diarias y, si le parece necesario, aligere su programa de tareas para reducir el estrés.

✔ Pida hora para entrevistarse con el profesor y averiguar si existe algún problema en el campo de la socialización y el trabajo en la escuela.

✔ Planifique un poco ese tiempo especial y estimule al pequeño: «Josefina, me lo paso muy bien contigo. Las dos podemos hacer cosas juntas porque ya eres muy mayor».

«Los amigos de mi hijo tienen un vocabulario más desarrollado que el suyo»

[Vocabulario poco desarrollado]

➤ Qué ocurre exactamente

Valorar la comunicación es dar afecto y atención, pero también es ayudarlos a organizar ideas, a llevarlas a la práctica, a crear proyectos, a socializarse y a educar las emociones. Expresarse es, ante todo, una forma de valorar ante los demás lo que tienen dentro de sí, en su mundo interior.

Algunos padres tienen por costumbre apartar a los niños cuando éstos no logran comunicar aquello que desean. Por eso es conveniente escuchar al niño, aunque sea pequeño y sus frases resulten incomprensibles.

Para nuestro hijo, la necesidad de ser escuchados es más poderosa que los medios que puedan utilizar. Muy a menudo, niños con más capacidades de lo que parece tienden a hacerse entender con gestos incluso hasta los tres años. Pero ello no es casual. Tal vez, en algún momento estos niños se dieron cuenta de que las personas que estaban a su cuidado les prestaban más atención si tenían que traducir sus gestos a necesidades concretas, mientras que cuando habían intentado comunicarse mediante palabras, el resultado era que no les prestaban tanta atención. Éste es uno de los motivos por los que se aconseja que escuche siempre todo lo que su hijo tiene que decirle, tenga la edad que tenga.

➤ Cómo actuar

En alguna ocasión quizá nos dé la impresión de que quieren decirnos algo, mientras que ellos sólo están jugando o divirtiéndose con los sonidos. No obstante, nunca podemos permanecer indiferentes a sus ensayos lingüísticos o ignorar los miles de «¿por qué?» que podemos escuchar durante el día. El lenguaje constituye un nexo de relación entre el niño y su entorno, y es importante que siempre se atienda.

Nuestros hijos necesitan comunicar gran parte de la información que reciben a diario. En alguna ocasión puede suceder que intenten establecer un dialogo por medio de preguntas obvias con nosotros. Escúchelas y ayúdelos a resolverlas, ya que muchas veces pueden estar indicando formas de resolver los propios miedos, por ejemplo: «¿Por qué es de noche?». Si existen conflictos familiares, puede suceder que llame su atención con alguna pregunta pero, después, no quiera que usted le hable o le dé alguna explicación. Cuando esto ocurra, abrácelo y regálele una sonrisa. Encontrará un gran alivio.

➤ Consejos útiles

✓ Las canciones con una breve historia, las rimas fáciles, los trabalenguas, las adivinanzas, el inventar una palabra usando varias y rompiéndolas por la mitad, o los estribillos, constituyen algunos juegos divertidos con los que podemos ayudar a nuestros hijos a que aprendan el uso y significado de nuevos términos.

✓ Según sea la edad de su hijo, puede adaptar juegos tradicionales como «Tengo un barco cargado de...», y usted contesta una palabra, por ejemplo, «caramelos», y su hijo debe continuar enunciando palabras que comiencen con «c», o bien alimentos.

✓ «Tras la pista de una rima»: el niño debe buscar una musicalidad similar a la de cómo acaba una frase, o bien puede proponerle que aprenda determinadas palabras usándolas usted en varias ocasiones diferentes a lo largo de una semana. No conviene que asimile más de una por vez.

✓ Los estribillos por lo general carecen de contenido significativo, pero son de gran sonoridad e impactan en los más pequeños. Enséñele a su hijo alguno de los más conocidos, antes de pretender que aprenda una breve canción.

✓ Los mitos las leyendas y las fábulas no sólo han servido para mostrar virtudes y defectos humanos sino que, además, contados según los diferentes tonos de voz de los personajes, se han convertido en las narraciones preferidas por muchos niños. Coméntelas con él después y mantengan una amena conversación. Procure no repetir sus vocablos infantiles como «tete», «guau», etc.

✓ Recuerde siempre apelar a sus emociones e intereses. Pronto comprobará cómo con estas sencillas actividades su hijo se expresa con un vocabulario más rico , mejorando su nivel de dicción.

«¿Por qué mi hijo no me entiende cuando le valoro el trabajo que ha realizado?»

[Autovaloración]

➤ Qué ocurre exactamente

En general, a los niños les encanta mostrar a todo el mundo sus dibujos, sus construcciones y manualidades. Pero cuando los padres son demasiado ambiciosos y proyectan sus ilusiones frustradas en los logros de sus hijos pueden caer en la trampa de medir estas manifestaciones bajo un prisma ideal y reaccionar con juicios de valor.

La mayor preocupación de estos padres es que sus hijos hagan cosas aceptadas por todos, comprensibles y, a ser posible, bien «remuneradas», aunque sea con calificaciones escolares. Esta situación puede acabar por confundir al niño, quien mientras que por un lado sabe qué se espera de él, por otro lado continúa buscando su espacio más allá de los que digan o dejen de decir sus padres.

Muchos niños se sienten inadaptados cuando sólo se les estimula en casa para que cumplan con sus obligaciones, mientras que no suelen tenerse en cuenta sus creaciones espontáneas. Poco a poco, los niños que piensan que no se les tiene en cuenta comienzan a desarrollar otro tipo de intereses: los intereses de los padres.

➤ Cómo actuar

Mucho niños que sienten explotada su creatividad dejan de realizar determinadas manifestaciones espontáneas, volviéndose a su vez ansiosos y fácilmente excitables si alguien hace referencia a cualquier otra cosa que hagan.

Con mucha frecuencia, los padres que no estimulan el aspecto creativo en sus hijos pueden considerar que se trata de algo poco práctico y nada necesario. ¡Qué equivocados están! Estos padres olvidan o ignoran que la creatividad es el factor más enriquecedor que existe en la comunicación humana, y que esto es exclusivo de nuestra especie.

Los padres y profesores que cometen el error de exigir a los niños un determinado nivel de perfección están empujándolos por un camino incierto donde lo único que consiguen es un mayor grado de tensión emocional.

El miedo a equivocarse, a no estar a la altura, a no hacer lo que se espera, puede aparecer en cualquier momento, y este tipo de reacciones casi nunca son pasajeras, ya que desde el momento en que se manifiestan es porque el niño ha perdido la confianza en sí mismo y se siente inadaptado o se juzga negativamente.

Posiblemente, muchos padres no se den cuenta de hasta dónde acaban dañando a sus hijos, tanto psicológica como físicamente, con determinadas exigencias y parámetros equivocados.

Conviene saber que un niño independiente es más saludable que aquel que cree que no puede realizar nada solo, aunque la dependencia es algo normal y necesario durante los primeros años de la infancia.

Intentemos acompañar a nuestros hijos en sus descubrimientos y felicitémoslos por haberlo, al menos, intentado.

➤ Consejos útiles

Nos preguntaremos qué podemos hacer para desarrollar y estimular la creatividad en nuestros hijos:

- ✔ En primer lugar, sepamos que la curiosidad y el interés natural que constantemente demuestran los niños juegan aquí un papel muy importante, por lo que no se deben frustrar sino alentar.
- ✔ En segundo lugar, la flexibilidad que como padres somos capaces de manifestar es primordial a la hora de acompañarlos en el descubrimiento de nuevas y cada vez más interesantes alternativas.
- ✔ En tercer lugar, recuerde a su hijo cada vez que haga falta, que la mejor forma de encontrar el camino de la creatividad es gozando de lo que realizamos.
- ✔ En último lugar, si no comprendemos el significado de las creaciones de nuestro hijo, no nos importe preguntarle indirectamente sobre lo que él desea expresar.

«Mi hijo es un ingenuo total»

[Ingenuidad]

➢ Qué ocurre exactamente

Seguramente en más de una ocasión, cuando nuestro hijo era pequeño, lo hemos visto hablando con las plantas, con el perro, con el osito de su cama o con los dibujos de los cuentos. Y posiblemente también lo recordamos cuando decía «no» a algo que no era de su agrado o se apartaba de las personas que no le gustaban.

Esta etapa tan fantástica, que puede durar hasta los seis o siete años, y que está fundada en la ingenuidad, la emocionalidad y la intuición, puede enseñarnos muchas cosas. Como, por ejemplo, a recuperar las características de nuestro «niño interior», a las que posiblemente no hemos prestado atención o ni tan siquiera éramos conscientes de ellas.

➢ Cómo actuar

Si se detiene a pensar se dará cuenta de que, cuando ante un problema determinado se deja llevar por el impulso pacificador que nace de la ingenuidad, más que por la especulación y el cúmulo de razonamientos e ideas preconcebidas, gana tiempo y se ahorra grandes esfuerzos.

Ingenuidad significa desarrollar esa capacidad innata que nuestros hijos pequeños tienen para fluir por la vida. Es una verdadera lástima que esa vitalidad desaparezca en pos de una mayor socialización y competitividad.

Nuestro deber como padres es que nuestro hijo se sienta adaptado en el mundo en que vive, pero no con el mismo esfuerzo que hemos utilizado las generaciones anteriores hasta ahora, sino desde su completa y profunda aceptación.

Podemos comprobar que la escuela que se basa en el respeto y la libertad de la propia personalidad estimula que los niños sean más creativos y originales, los forman para que sean capaces de generar ideas nuevas.

Es muy importante ser conscientes de que, si bien hasta ahora los aspectos creativos han sido poco estimulados por la sociedad, constituye la única porción de nuestra existencia capaz de producirnos placer, de hacer que la vida sea mucho más que un conjunto de obligaciones cotidianas.

➢ Consejos útiles

Si queremos salvaguardar esa faceta y no reprimirla debemos potenciar el aspecto positivo de la ingenuidad, es decir, aprendiendo a no tener que decantarnos sólo por los aspectos productivos y competitivos.

La contemplación tranquila y serena de un objeto, la atención creativa dirigida hacia otros planos, el contacto profundo con la emocionalidad y el desarrollo de la intuición, pueden proporcionarnos una vida excitante y al mismo tiempo relajada, tal como podemos ver en los niños.

«Mi hijo no sabe mostrarse amable»
[Amabilidad]

➢ Qué ocurre exactamente

La amabilidad y la comprensión son seguramente las dos cualidades que mejor nos ayudan a relacionarnos satisfactoriamente con las demás personas. Aunque algunos padres puedan creer que con enseñar a sus hijos a decir «por favor» y «gracias» ya han hecho suficiente para que se los considere como personas amables, esto constituye sólo una pequeña faceta de una formación mucho más amplia.

La amabilidad implica también el hecho de no vivir pendientes de qué hacen o dejan de hacer nuestros familiares, vecinos, compañeros de trabajo o amigos. Un niño que escucha comentarios críticos y negativos respecto de otras personas únicamente será amable en lo que se refiere a las falsas convenciones.

Aunque sabemos que las expresiones de cortesía son necesarias, caen por su propio peso cuando los niños deben reaccionar ante una situación más compleja en la que se necesita el empuje de la amabilidad. Si les enseñamos a ser educados en casa, podrán luego mostrarse con naturalidad ante los demás y, por ejemplo, permitir que sus miradas manifiesten sinceramente comprensión hacia el otro.

➢ Cómo actuar

Resulta más efectivo y práctico comenzar la educación desde la rutina familiar. Usted puede pedir a su hijo que le alcance algo comenzando la frase con un «por favor», y después agradecérselo. O si ve que no acaba de recoger los juguetes, propóngale ayudarlo. Mientras comen, puede preguntarle si desea más agua o cualquier otra cosa. Este tipo de conducta, por su parte, le hará ver que usted se comporta amablemente. También en la calle se dan situaciones que pueden requerir nuestra educación y amabilidad. Cedamos el asiento a las mujeres embarazadas y a los ancianos en los medios de transporte, ayudemos a cruzar la calle a cualquier persona que se halle imposibilitada, ofrezcámonos a subir la compra a un vecino, adelantémonos a abrir la puerta y ceder el paso, a saludar...

Sepa que cuando su hijo descubra que la amabilidad es más que pedir «por favor» o dar las gracias, sus actitudes respecto a los demás serán más relajadas y espontáneas.

Si sucede que durante la etapa de estos aprendizajes sociales, su hijo se niega a decir estas frases de cortesía, nunca lo obligue a hacer más de lo que él está dispuesto, ya que si lo obliga puede ocurrir que se afirme en su negación y provoque una lucha de fuerzas. Por diferentes motivos, el temor al ridículo, la vergüenza o el sentido de derrota frente a algo que no deciden por ellos mismo pueden provocar este rechazo.

➢ Consejos útiles

Una costumbre que casi siempre da buenos resultados es ser amable con los amiguitos de sus hijos. Por ejemplo, al llegar a casa pueden saludarnos y pedirnos amablemente ayuda por algo como quitarse la ropa. Después nos lo agradecen. Entonces es buen momento para animar a su hijo delante de todos con frases positivas como: «Gracias, cariño, eres muy educado». Recuerde también que nuestros hijos necesitan que les digamos frases positivas, que de algún modo exaltemos sus cualidades, más aún cuando están todavía realizando sus primeros logros. No importa de qué se trate. Lo importante es que adquieran confianza en aquello que intentan, y que sepan que lo están haciendo verdaderamente bien.

El niño y su relación con los demás y con el entorno

«¡Tesoro, tú puedes hacerlo!»

[Confianza en uno mismo]

> ➤ Qué ocurre exactamente

Está claro que una condición esencial para que nuestro hijo se desenvuelva con seguridad y eficacia es que se construya una sana estructura de personalidad. Cuanto más convencido esté de que sus propósitos o situaciones difíciles acabarán con un final feliz, con más seguridad lo conseguirá. Por muy difícil que haya sido nuestra vida, todos hemos vivido algo positivo y bello alguna vez. Ningún niño ni nadie ha fracasado siempre; por lo tanto, todos tenemos algo positivo a lo que recurrir. Todos podemos aprender a volver a experimentar, una y otra vez, lo bueno.

Lo ideal sería que todos los niños fuesen recibidos con alegría ya desde su nacimiento, o incluso desde antes, y se les reconociera, aceptara y amara en su individualidad. Pero ocurre también que, aunque nos propongamos de corazón ser los mejores padres del mundo, nuestro inconsciente nos juega a menudo malas pasadas y derrumba por completo los proyectos. La conciencia determina nuestro mundo psíquico en una pequeña parte respecto al papel que desempeña el inconsciente. Sin duda, hay una parte muy alta del ser inconsciente que nos determina de forma ajena a nuestra conciencia. Algunos niños incluso llegan a adoptar los miedos al fracaso de los padres y a interiorizarlos de tal manera que ellos mismos fracasan en el colegio. Ello nos demuestra con cuánta fuerza están unidas las personas, pero también con cuánta fuerza influyeron en nuestra vida los procesos inconscientes.

Si su hijo tiene dificultad para entablar relaciones, tiene poca valentía y autonomía, y siente una gran desgana vital y una gran resignación, su hijo necesita urgentemente una buena dosis de confianza en sí mismo, y acudir a un buen profesional que lo ayude a mejorar su estado personal.

➤ Cómo actuar

Debido a que los niños aprenden muchísimo gracias al instinto de imitación, todo lo que usted haga es de máximo interés para su hijo. Por ello convendría que no se queje constantemente de las limitaciones que tiene, sino que cada día vuelva a aceptar los retos que se le presentan, a pesar de todas las limitaciones e inhibiciones personales.

No olvide que todos somos responsables de nuestra vida y que no debemos delegar en nadie la responsabilidad de nuestros actos.

Intente tener una visión global de quién es su hijo y, al mismo tiempo, procure tomar conciencia sobre el rumbo que están tomando sus pensamientos y sus sentimientos.

Si sólo ve los errores y las carencias, piense que inconscientemente los refuerza en su hijo. Naturalmente, es difícil para su hijo desarrollar confianza en sí mismo y conciencia de sí mismo con una base emocional de miedo y pesimismo. Tenga siempre presente que su propia actitud produce efectos en su inconsciente y es percibida y adoptada por sus hijos.

Se preguntará cómo los niños pueden desarrollar optimismo y amor por la vida si constantemente se enfrentan a padres cuya manera de pensar y de actuar está marcada por las dudas, la desconfianza y la inseguridad.

Pues lo lograrán pensado positivamente. Lo que pensamos de nosotros mismos es el resultado de los pensamientos e imágenes que nos dominan. El éxito de nuestra conducta está íntimamente ligado a esos autorretratos que nos hemos ido construyendo y que van adquiriendo una gran fuerza dentro de nosotros.

➤ Consejos útiles

Quien posee la capacidad de decidir sus objetivos y de creer que los conseguirá dirige todos sus pensamientos y sentimientos de manera positiva hacia ese objetivo.

El secreto de por qué algunas personas pueden conseguir metas increíbles está en el hecho de que no se consideran víctimas desamparadas de las circunstancias o de las personas, sino que se ven y se sienten como organizadoras responsables de las propias circunstancias y de los propios hechos, ya se refiera a su salud, a su situación económica, a sus éxitos escolares o profesionales, a su crecimiento interior o a sus relaciones humanas.

Conocer y utilizar la fuerza de las propias palabras puede sernos también de gran ayuda. En realidad, raras veces somos conscientes del efecto de las palabras. Cuando alguien nos habla, lo escuchamos atentamente y registramos con gran sensibilidad cada detalle de lo que nos dice y cómo nos lo dice. Sin embargo, al mismo tiempo, somos asombrosamente insensibles respecto al efecto que producen nuestras propias palabras.

Para nuestros hijos, especialmente, lo que decimos no son «palabras al viento», sino todo lo contrario: la mayor parte del tiempo están muy pendientes de nuestros labios. Fíjese cómo las palabras acompañan a los niños en casi todas sus actividades.

«Mi hijo parece que empiece a minusvalorarnos»
[Minusvaloración de la familia]

➤ Qué ocurre exactamente

Cuando los niños se acercan a la edad de los nueve o diez años empiezan a plantear a los padres asuntos que ponen a éstos en posiciones nada cómodas. A partir de este momento los padres dejan de ser seres todopoderosos para convertirse en otros mucho más vulnerables.

Así como con los padres, también ocurre con otros familiares adultos del entorno más inmediato, como suelen ser los abuelos, por lo que no debe extrañarnos que todo ello origine una reducción del prestigio que éstos gozaban hasta el momento. El niño intentará sacar a la luz aquellas facetas negativas de sus padres y abuelos que, hasta ahora, se le tenían vedadas.

No se preocupe en exceso, ya que como padres sabemos que se trata de una fase necesaria para que nuestros hijos vayan logrando, gradualmente, la propia autonomía.

También puede ocurrir que, en este sentido, la sensibilidad de los padres y el resto de familiares puede jugar una mala pasada, haciéndolos reaccionar de modo negativo, como si realmente se estuviera tirando por tierra todo lo referente a su persona.

La respuesta –por cierto, errónea– por la que muchos de ellos optan consiste en volverse más severos o más distantes, alimentando así la actitud del niño, que parece no creer ya en sus mayores.

➤ Cómo actuar

¿Cómo podemos evitar estas situaciones que podrían ser desagradables y, en último término, llegar a privar los pequeños brotes de la futura independencia de nuestros hijos?

La cuestión no consiste en recriminarles su actitud ni en alejarnos voluntariamente de ellos para no sentirnos dañados, ya que se trata de una etapa fundamental para su desarrollo. Incluso los expertos aseguran que es un momento clave en el que aún «caminan entre las dos orillas», la de la dependencia infantil y la de la preadolescencia, y que depende de cómo nosotros les ayudemos a cortar el último segmento del cordón.

Para empezar, al ser conscientes de que dicha etapa sobrevendrá de un momento a otro, una excelente alternativa consiste en comenzar a reconocer, un tiempo antes, las cualidades positivas de todos los integrantes del grupo familiar, aceptando los posibles errores y permitiendo que el niño establezca relaciones un poco más igualitarias. Esto no significa en absoluto que, de golpe, nos convirtamos en amigos de nuestros hijos o nietos porque existe una relación de no igualdad respecto de ellos. Y esto es así y debe continuar así.

Un padre o una madre no es un amigo de su hijo, aunque exista una relación amistosa entre ellos.

Si bien es cierto que en ningún momento dejaremos de lado nuestra autoridad, entendida como responsabilidad y experiencia, lo cierto es que debemos crecer con ellos y aceptar la imagen más realista que ahora comienzan a formarse del mundo adulto.

El amor, el afecto y la comprensión no dejan de tener en ningún caso la misma importancia que han tenido hasta el momento. La única diferencia es que tales sentimientos ya no se manifiestan con explosiones de admiración y halagos.

➤ Consejos útiles

Puntualizando que la tercera edad suele ir acompañada de un verdadero crecimiento en valores humanos como la generosidad, la paciencia, la constancia, la prudencia o el control emocional, es bueno que seamos conscientes de ello y saquemos el máximo beneficio. Aunque todavía hay mucho abuelos que no parecen darse cuenta, este último plano, el afectivo, es el más importante para el conjunto de la familia porque en la mayoría de los casos es este factor el que hace de nuestros mayores unos seres queridos y entrañables o, por el contrario, desagradables y atormentados viejos, inútiles y entrometidos, a los que no hay quien aguante.

Cada etapa de nuestra vida es heredera del pasado y contribuye a determinar nuestro futuro porque cada cual cosecha lo que sembró. Se dice a menudo que el amor juvenil es pasional e interesado, el amor adulto tiende a caer en el paternalismo posesivo y a veces asfixiante y, finalmente, el amor propio de la edad madura es el más puro y desinteresado porque la persona mayor que sabe amar, ama de verdad.

La madurez bien llevada engrandece el corazón, mientras que el abuelito egoísta que nunca ha pensado en los demás difícilmente cambiará ahora. La vejez actúa como una lupa, acentuando los rasgos de carácter de cada uno. Vuelve avaro al ahorrador, implacable al severo, maniático al meticuloso y encantador al cariñoso.

No deberíamos consentir que la tercera edad se convierta para tantos jubilados en una espera triste y desmotivada del «final del trayecto». Recordemos que los abuelos no son niños ni trastos viejos, aunque también ellos deben exigirse a sí mismos el desempeño responsable de actividades de todo tipo. Ésta es la única manera de darle un sentido a la vida, hasta el final, y sacar de sí todo lo que llevan dentro, demostrándose a sí mismos y a la sociedad que el ser humano, cualquiera que sea su edad, siempre es útil y necesario para el bienestar común.

Además, para los abuelos, los nietos suelen significar, a menudo, una segunda oportunidad para ayudar a crecer a un ser humano sin el peso agobiante de la responsabilidad y la carga exhausta que supone ser padres. Por otro lado, los nietos se benefician de ese «baúl» interno de sus abuelos, repleto de conocimientos y experiencias adquiridas en la crianza de sus propios hijos. ¡Qué buena es la relación de ese abuelo y ese nieto que, a través de sus miradas, intentan reconocerse el uno en el otro! El principio y el final.

«Mi hijo permanece totalmente enganchado a la televisión»

[Adicción a la televisión]

➢ **Qué ocurre exactamente**

Hay muchos niños que cuando llegan a casa encienden la televisión como quien enciende la luz. Aunque hagan los deberes, jueguen o hablen por teléfono, necesitan tener la televisión encendida. Suelen ser a menudo niños que, cuando llegan a casa, no encuentran a nadie. Recurren a la televisión como a un elemento contenedor de su ansiedad de sentirse solos y desamparados. Estos niños son adictos a la televisión. En cierto modo, dependen tanto de las imágenes parpadeantes de la pantalla como muchos adultos del tabaco o del alcohol, y las consecuencias pueden ser muy preocupantes.

Según algunos estudios, los niños que ven más la televisión son más propensos a la obesidad, están en peor forma física y tienen niveles más altos de colesterol que los que la ven menos tiempo.

Lo que sí resulta cierto es que los niños que pasan pocas horas viendo la televisión se muestran más creativos: leen, juegan, escuchan música, cantan, hacen manualidades...

La televisión no es mala en sí, lo es el uso indiscriminado que hagamos de ella. Porque nadie nos impide que la utilicemos como un recurso educativo más, como una excusa para hablar de valores, sentido común, buenas maneras, o para conocer información interesante.

➢ Cómo actuar

Haga un horario para señalar los programas que podrán verse durante la semana. Cuando su hijo encienda la televisión en momentos no autorizados, no le riña ni discuta, sencillamente apáguela o desenchúfela y estén más tiempo juntos en casa en lugar de correr de una actividad a otra o de que el niño esté solo en casa. Miren juntos la televisión y utilícenla para charlas que estimulen el razonamiento. No moralice ni sermonee. Plantee preguntas como: «Anita, ¿qué has pensado cuando se llevaban al perrito? ¿Qué hubieras hecho tú si te lo robaran a ti?».

Si utiliza la televisión con inteligencia podemos aprovecharnos de la fuerza docente que ésta también tiene.

Si a su hijo le gusta ver concursos, haga que sea una actividad familiar. Anote algunos temas de los que salen regularmente en los programas y juntos prepárense para la próxima semana. Cuando encienda la televisión, deje que su hijo conteste a cada pregunta y puntúe su resultado.

Para estimular un juicio crítico, proponga a su hijo que haga un comentario del programa de televisión, como si fuera un comentario de texto del colegio. Según su edad, cada comentario puede contener comentarios relativos a factores tales como el argumento, ritmo, desarrollo del carácter, escenario, música, efectos especiales...

Si la violencia está presente en ese programa que están viendo, anímelo a pensar en modos alternativos, no violentos, que podría haber usado el actor para solucionar el problema.

Escriban juntos una carta a los productores y anunciantes exponiéndoles su opinión acerca de una serie de programas o anuncios.

➢ Consejos útiles

✓ Deje opinar a su hijo sobre los programas que él quiere ver y negocie los que puede ver solo y los que debe ver acompañado. Confeccione un calendario familiar para evitar peleas entre los miembros de la familia. Cuando elabore este calendario, tenga en cuenta todos los tipos de programación disponible y elija de forma equilibrada.

✓ Seleccione el programa que les interesa, en lugar de limitarse a encender el aparato y pasar continuamente de un canal a otro.

✓ Procure no utilizar la televisión como un canguro. El niño lo necesita a usted. Mejor es que ayude a su hijo a entretenerse con cuentos libros, juguetes, música, etc.

✓ Felicite a su hijo cuando muestre un buen juicio y una buena actitud respecto a la televisión. «Estupendo, Luis, te mereces un premio, ¿quieres que juguemos el sábado a fútbol?».

«Mi hijo pasa todo el día con sus videojuegos»

[Adicción a los videojuegos]

➢ Qué ocurre exactamente

Los videojuegos, como la misma televisión, son una fuente principal de conflictos en muchos hogares de hoy en día. Y aunque le ha regalado esos últimos videojuegos porque le encanta ver cómo su hijo disfruta, hay que actuar con conocimiento de causa. Usted ha permitido la entrada de estos juegos en su casa porque además le han sugerido que algunos de ellos favorecen aspectos positivos en el niño, como una mejor coordinación manual-ocular, una mayor concentración y un desarrollado pensamiento lógico. Pero sepa que, a partir de que entren en su casa, ha de saber cómo tratarlos. Hay niños que sufren una verdadera adicción por los videojuegos y desconectan del mundo real, aún más que cuando están viendo la televisión. Y esto puede llegar a ser muy preocupante si deja, desde un principio, que se le escape de las manos.

Establezca una rutina, unos límites firmes y claros, y aplique sus decisiones con coherencia y firmeza. Limite el tiempo de jugar con ellos.

En general, la adicción infantil al videojuego es un síntoma de un problema subyacente más grave. Por ejemplo, el niño puede jugar con videojuegos como válvula de escape de sus dificultades en el colegio, de una enorme tensión existente en casa o de un vacío interior grave. Si su familia está atravesando unos momentos de cambio o transición estresantes, y su hijo pasa mucho tiempo entretenido con los videojuegos, puede estar necesitando ayuda de un profesional.

➤ Cómo actuar

De poco le servirá enfadarse y reñir a su hijo cuando esté frente a la pantalla interactuando con algún videojuego. Mejor será que establezca un plan semanal con los nombres de los videojuegos y el tiempo correspondiente que debe dedicarles. Eso sí, siempre con la condición de haber acabado antes los deberes escolares que le correspondan y las tares domésticas. Si las normas se rompen, no desespere. Desconecte, sencillamente, el aparato en cuestión y dígale educadamente: «Juan, volveremos a probar la semana que viene».

Puede utilizar los videojuegos como un incentivo e indicar al niño que cuando acabe una determinada tarea podrá pasar un rato con el videojuego.

Tenga un reloj o despertador a mano que, cuando suene, indique el momento de dejar el juego. Si no hace caso y ha de volver a avisar a su hijo, quite ese tiempo de su próximo juego y con amabilidad, pero con firmeza, dígale: «Juan, parece que has decidido quedarte sin tiempo de juego mañana». Nunca grite ni amenace.

Puede permitirse ser flexible, sin dejar de cumplir lo anunciado. Si su hijo le pide un poco más de tiempo para jugar, llegue a un acuerdo. Negociar siempre es saludable.

➤ Consejos útiles

✓ Si permite que este tipo de juegos entre en su casa, muestre también interés por ellos y dedique un tiempo a jugar con su hijo.

✓ Pueden comentar las habilidades que se están aprendiendo a través del video-juego y ser conscientes del esfuerzo que se está aplicando. Pregúntele qué le gusta para ayudarlo en el momento de seleccionar juegos más positivos y menos violentos.

✓ Invite a los amigos de su hijo a que jueguen con los videojuegos para que no esté siempre sólo. Siempre que pueda, escoja juegos que permitan la participación de dos niños. Si no es posible, también pueden jugar con el juego individual, por turnos y comentando la jugada de cada uno.

✓ También es buena idea que su hijo deje brevemente de fijar la vista, cada veinte minutos, para evitar que haga un sobreesfuerzo con los ojos. Pídale que deje de mirar el juego y se fije en algo que esté lejos, durante varios segundos.

✓ Evite por todos los medios que los videojuegos no sustituyan la lectura, otros juegos ni las salidas familiares. Es muy tentador dejar a los niños entretenidos delante de la pantalla y olvidarse de proponer otras actividades.

✓ Organice encuentros familiares para llegar a un acuerdo sobre el horario de los videojuegos.

«Debo vigilar constantemente a mi hijo porque no se está quieto ni un momento»
[Hiperactividad]

➤ Qué ocurre exactamente

Algunos niños, ya en la etapa preescolar, son catalogados de hiperactivos y difíciles, cuya educación es agotadora y frustrante.

El niño hiperactivo suele ser desorganizado, exigente, descarado y entrometido, nunca está quieto y siempre busca llamar la atención. Posiblemente sus amigos no lo inviten a jugar en su casa y su propia familia procure a menudo mantenerse alejada de él. Pese a ello, es importante que se tenga la confianza en el pequeño, ya que él no la tiene ni en sí mismo ni en los demás. Este déficit de confianza no le permite que madure la capacidad de espera, necesaria para obtener cualquier cosa, con lo cual aumenta la frustración de no ser satisfecho su deseo y también su inestabilidad. Su comportamiento alborotado responde a la sensación interna que tienen estos niños de faltarles algo que intentan en vano buscar. Una búsqueda frustrada, porque sigue faltándoles esa confianza que tanto ansían; no hay un final.

Estos niños hiperactivos suelen ser considerados, con razón, de difícil manejo cuando aún son muy pequeños y, de seguir así, pueden llegar a creerse malos y problemáticos.

Si su hijo es hiperactivo es importante que tanto usted como él comiencen cuanto antes a dejar de fijarse en las cosas mal hechas para centrarse en las positivas. Establezca límites y sea muy consecuente al cumplirlos. Su prioridad es que el niño sea capaz de autocontrolarse, algo que además es importante y necesario para desarrollar una buena autoestima. Se trata de un proceso muy lento, que suele durar años. En ciertos momentos se le puede hacer muy duro: ármese de paciencia y sea consecuente. Acudir a un buen profesional que lo asesore y lo ayude con su hijo le facilitará mucho esta difícil tarea.

➤ Cómo actuar

Para empezar el día salude a su hijo por la mañana con una gran sonrisa y un fuerte abrazo y préstele toda la atención necesaria. Los primeros cinco minutos deben servir para calmarlo y tranquilizarlo. Son niños que precisan que invierta en ellos importantes dosis de amor y de ternura. De esta manera no necesitará portarse mal para que usted esté por él.

Luego explíquele lo que se hará durante el día, tanto por la mañana como por la tarde y la noche.

Calcule de antemano el tiempo que su hijo puede permanecer con una actividad e introduzca algo nuevo antes de que se canse. Su tiempo de atención no es tan largo como el nuestro. Para evitar que se vaya cansando, cambie las actividades alternando unas más tranquilas con otras más enérgicas. Invítelo a cambiar, pero no le obligue a aceptarlo.

Evite a toda costa poner etiquetas negativas a su hijo. Si algún familiar le hace algún comentario despectivo, contéstele con amabilidad que de esa manera no lo ayudan a superar su problema, sino que por el contrario, lo agravan. Si usted piensa de forma positiva y utiliza adjetivos también positivos, su hijo deseará ser como usted lo describe.

Cuando haga algo bien, anímelo siempre con comentarios positivos.

➤ Consejos útiles

✓ Procure tener algunos momentos tranquilos con su hijo. Ponga música relajante, hágale algún masaje, jueguen con las sombras o hagan pompas de jabón. Diviértanse juntos.

✓ Mantenga un ambiente tranquilo, con grupos de juego reducidos y nunca con estimulación excesiva.

✓ Respete los horarios de las comidas y del sueño.

✓ Tenga siempre a mano una «caja de sorpresas», que contenga lápices, papel, ceras y algo nuevo de vez en cuando, para salvar los momentos difíciles.

✓ Enseñe a su hijo a reconocer y estar atento a sus emociones y sentimientos para reaccionar frente a éstos de forma responsable y sin herir a otros niños. Hay pequeños que necesitan más espacio para no sentirse agobiados. Usted puede sugerirle :«Luis, si ves que hay demasiados niños y empiezas a ponerte nervioso, díselo a alguien o cambia de sitio». Otros niños necesitan moverse con más frecuencia; en este caso, sugiérale: «Marta, si te sientes inquieta y tiene ganas de pegar a alguien, pide permiso para salir fuera y correr».

✓ También es deseable que regularmente se «aleje» de su hijo y descanse para mantener un buen nivel de energía. Es muy importante que cuide de sus propias fuerzas para que tenga la paciencia y la creatividad necesarias para aplicar una educación positiva.

✓ Hable con los familiares, profesores y canguros que tienen relación con su hijo para que todos sigan el mismo planteamiento.

✓ Si trabaja, necesitará limitar sus actividades y obligaciones fuera de casa. Si es progenitor único es necesario que cuente con la ayuda de algún familiar responsable o de una buena canguro.

«Cariño, no pasa nada, enseguida vuelve mamá»

[Ansiedad por separación]

➢ Qué ocurre exactamente

Aunque para nosotros las despedidas son a veces muy dolorosas, no alcanzan, ni de lejos, el grado de angustia que sufren nuestros hijos, que temen siempre no volvernos a ver. En distintas fases del desarrollo, los preescolares pueden mostrar lo que se conoce como ansiedad por separación, manifestada normalmente mediante el llanto y los gritos cuando intentamos dejarlos en la guardería, en el colegio o con una canguro.

La ansiedad por separación no es sólo normal, sino que además constituye un signo positivo de que el niño se siente unido a usted de forma importante. Pero, aun así, es conveniente que nos apliquemos para mitigar ese dolor y esas lágrimas de despedida.

➢ Cómo actuar

Siempre que se vaya y no lleve a su hijo consigo debe decirle que regresará. El niño que grita cuando ve marchar a su madre quizá no esté seguro de que ésta vuelva. Después de varias ausencias cortas, el niño va aprendiendo que su madre se va, pero regresa.

Es mejor avisar al niño de que va a ausentarse –aunque usted lo pase mal de antemano–, y no que él se lleve la sorpresa de no ver a su madre. Coménteselo de forma simple y despreocupada, como por ejemplo: «Mamá va a salir y la abuelita se va a quedar contigo. Mamá volverá dentro de un ratito». No dé demasiadas explicaciones porque el niño percibirá que usted también está preocupada. La despedida ha de ser clara y corta; quedarse en la puerta mimando al niño y dándole explicaciones es lo menos aconsejable que se puede hacer, ya que le creará más ansiedad.

Aunque la despedida sea corta no por ello ha de ser seca, sino al contrario. Podemos dejar al niño diciéndole que lo queremos y dándole un beso. También les gusta mucho que les metamos otro beso en el bolsillo para luego.

➤ Consejos útiles

✓ Es bueno para ambos que reconozca los sentimientos del niño en vez de decir «pero no llores» o «no te pongas así», que trasluce su propia ansiedad por haber motivado la tristeza del niño. Reconozca los sentimientos de éste y hable de ellos, de esta manera tranquilizará a su hijo. No se olvide de comentar también al niño que es normal sentirse así.

✓ Puede dejarle algo suyo que, de alguna manera, le indicará que se inicia un proyecto que promete acabar al volver. Cualquier cosa que envíe el mensaje «regreso», que conserve la continuidad y la relación, es bueno.

✓ Planifique algunas actividades; frecuentemente resulta útil estructurar el tiempo que usted va a estar fuera con juegos y actividades, ya que la distracción puede ayudar a los niños a no obsesionarse con la separación.

✓ Deje a su hijo con alguien que conozca, ya que se sienten mucho más seguros con una cara familiar que con una extraña. Si no es posible y tiene que venir una persona nueva, procure que acuda uno o dos días antes para que conozca al niño y establezcan algo de relación. Y de paso, usted comprueba si le merece su confianza para que cuando se vaya lo haga tranquila y sin angustias. Los niños normalmente piensan que cualquier amigo o amiga de sus padres son también amigos suyos.

«Mi hijo no acepta quedarse en casa sin que estemos nosotros»

[Problemas con la canguro]

De 3 a 6 años

> ## Qué ocurre exactamente

Es una situación francamente desesperante cuando nuestro hijo pequeño llora desconsoladamente pidiéndonos que no nos vayamos y lo dejemos solo con la canguro. Su llanto nos provoca una mezcla de sentimientos, como preocupación, culpabilidad y enfado, ya sea porque lo dejamos para hacer una gestión imprescindible o simplemente para tomarnos un respiro. Es posible que el niño esté probando nuestros límites, de forma consciente o no, y que se porte mal para llamar nuestra atención. También puede intentar manipularnos con sus lágrimas o sencillamente está asustado y no sabe enfrentarse bien al cambio y a la separación.

Muestre su confianza en él y tenga paciencia. Los sentimientos de culpa y de pena no son productivos. Esta fase puede durar meses, pero al final la acabará superando.

> ## Cómo actuar

Poco a poco vaya aumentando la confianza y el valor de su hijo. Por ejemplo, déjelo, durante algún ratito, con algún familiar o amigo.

Procure que la canguro tenga experiencia y siempre sea la misma. Antes de elegir la canguro invítela a su casa un día que esté su hijo para ver la interacción y la relación entre ambos.

Puede necesitar probar con varias personas antes de encontrar la adecuada. Avise con antelación a su hijo de estas visitas: «Isabel, hoy vendrá a merendar con nosotras una chica que se llama Agnés». Luego, cuando vea que su hija se lo pasa bien jugando con ella, puede comentarle: «Veo que te lo pasas bien jugando con Agnés. La invitaremos otras veces para que juegue contigo cuando papá y mamá tengan que salir».

Para esos días que viene la canguro pueden preparar una caja que sólo se sacará cuando esa persona acuda. Coloque en ella actividades diversas y, de vez en cuando, una nueva sorpresa para cuando mamá tenga que irse. Procure que haya plastilina para modelar, una caja de lápices, papel, acuarelas, revistas, tijeras infantiles... La canguro podrá interaccionar más con su hijo si le deja sugerencias sobre actividades planificadas.

Avise a su hijo con antelación cuando tenga que venir la canguro; mantenga una posición positiva, directa y no tema su reacción. Sea escueta y no discuta: «Pablo, papá y yo hemos de salir esta noche. Vendrá Nieves a jugar contigo y a acostarte».

Si su hijo se pone a llorar, dedique un tiempo a estar con él, abrácelo y tranquilícelo con palabras amables pero firmes y seguras. Es un buen momento para tratar el tema de los sentimientos, no cuando ya se encuentre en la puerta a punto de irse. Ayúdelo a identificar sus sentimientos: «Pablo, te sientes apenado cuando nos vamos». Escúchelo sin darle consejos. Abrácelo hasta que sea él quien acepte y no le duela tanto el hecho de separarse.

Llegado el momento de irse, diga simplemente adiós y váyase. No dude porque las dudas crearán más ansiedad a su hijo y se lo pondrán más difícil a la canguro. Tampoco salga de casa sin despedirse porque aumentará la preocupación y la desconfianza de su hijo.

➢ Consejos útiles

✔ Fotografíe a su hijo con las diferentes canguros y pegue las fotos en el álbum para que las pueda ver su hijo siempre que quiera.

✔ Deje todo a la canguro bien preparado y organizado. Apúntele el número de teléfono del lugar en que usted va a estar o su número de teléfono móvil, y también el del médico por si sucede algo, junto con la cartilla de la seguridad social o de la mutua privada y el teléfono del servicio de urgencias para el caso de que sobrevenga un accidente. Infórmela sobre comidas y alimentos permitidos, juegos y actividades, y el horario de su hijo. Es aconsejable que la canguro conozca bien todas las costumbres de la casa; cuanto más informada esté, más cómoda se sentirá con su hijo y también su hijo con ella.

✔ Si usted se da cuenta de que le cuesta especialmente separarse de su hijo, busque la ayuda de algún buen profesional. Es importante que haga un análisis de sus dificultades, ya que su hijo las captará.

➤ Qué ocurre exactamente

Aunque su hijo ya es más grande, puede ocurrir también que proteste cuando viene la canguro porque ya se ve mayor y no le gusta que nadie lo mande ni le diga lo que tiene que hacer. Si es hijo único puede sentir que usted lo abandona e incluso puede crear problemas con su hostilidad y mal humor, entorpeciendo la relación con la canguro. Ni los sobornos ni las recompensas ni los castigos ni las amenazas sirven para que su hijo se vuelva más responsable de sus actos. Es mejor que usted procure ganar su colaboración. Coméntele que espera de él un comportamiento de persona madura y que confía en su responsabilidad cuando usted esté ausente.

Si le ofrece la posibilidad de ser responsable, si trabaja con él para establecer límites, si le hace saber qué espera de él y si usted siempre cumple lo anunciado, fácilmente su hijo llegará a ser una persona capaz de cooperar y sentirse segura de sí misma.

➤ Cómo actuar

No elija a cualquier canguro, escoja a una persona suficientemente madura y con experiencia. Invítela previamente para que conozca a su hijo y pueda ver la relación de ambos. Si es posible, también merece la pena contar con varias alternativas: «Santiago, papá y mamá vamos a salir fuera este viernes por la noche. ¿Qué prefieres, ir a casa de la abuela o que venga Rosa? Piénsatelo y luego nos lo dices».

Explique siempre claramente sus expectativas y fomente un comportamiento de cooperación. «Pili, si te portas bien mientras estamos fuera y te acuestas a la hora convenida, mañana podrás ir a pasar el día a la casa de campo de Nuria. Pero si las cosas se complican tendrás que quedarte en casa». Y no olvide cumplir siempre lo anunciado si quiere que su palabra mantenga su fuerza.

Permita que su hija planifique la tarde-noche. Puede prepararse su forma de entretenimiento: un juego, un libro, un vídeo... Y también puede decidir una cena sencilla que casi se prepare sola: «Pili, hoy vendrá Josefina para estar contigo mientras nosotros estamos fuera. Ella disfruta mucho contigo porque dice que tienes ideas geniales para pasar el rato».

> Consejos útiles

✓ Al día siguiente comente con su hija los esfuerzos que ha realizado: «Pili, gracias por colaborar tan bien ayer por la tarde y noche. Esta tarde, si te apetece, podemos ir juntas al cine», o bien «Hoy estaré en casa y si quieres puede venir un amigo tuyo a jugar». Su hijo se dará cuenta de que su colaboración ha dado su fruto, viéndolo a usted más animado y con más energía.
✓ También sirven los consejos indicados para la edad de 3 a 6 años.

«Bañar a mi hijo es como estar en el *Titanic* y hundirse»

[Aseo personal]

De 3 a 6 años

> Qué ocurre exactamente

Aunque es corriente que el momento del baño sea una auténtica batalla, es por ello que suele resultar agotador. Pueden ocurrir muchas cosas. Que el niño tenga miedo de la bañera, o que aunque hasta el momento haya disfrutado con el baño, de repente se asuste del agua caliente porque en alguna ocasión le haya salido demasiado caliente. O porque cree que algo va a salir por el desagüe o éste se lo va a tragar a él. O, bastante usual, quizá tema que le entre jabón en los ojos.

También ocurre que a algunos niños les fastidia el baño porque sencillamente éste interrumpe algo con lo que están entretenidos. Paradójicamente, estos niños que ahora ponen el grito en el cielo cada vez que oyen la palabra «baño» son los mismos que más adelante no querrán salir nunca de la bañera. De nuevo, un poco de paciencia.

➤ Cómo actuar

Puede ocurrir que su hijo prefiera meterse en la bañera con usted antes de hacerlo solo. Pues métase con él, sosténgalo al principio hasta que se sienta seguro y luego, poco a poco, incorpórense dentro del agua. Compruebe antes que la temperatura del agua sea agradable y que sus manos no estén heladas al coger a su hijo. Trátelo siempre de una forma amable y respetuosa. Dentro de la bañera también conviene colocar algún motivo antideslizante en el suelo para evitar accidentes.

Decida junto a su hijo un horario para el baño que vaya bien a los dos. Y manténgalo siempre. Se ha de convertir en un horario constante. Si ve que su hijo está cansado es mejor que no lo fuerce y espere un momento. Es más conveniente establecer una pausa con un cuento o juguete especial y luego intentarlo de nuevo.

Durante el momento del baño esté totalmente disponible para permanecer con su hijo, no sólo por motivos de seguridad, sino por el mero placer de estar con él. No de demasiada importancia al tema de eliminar la suciedad, es mejor que comience el baño con canciones y juegos. Proporciónele cucharas y cuentos de plástico, embudos y otros utensilios. Cuando vea que se está divirtiendo, sugiérale que comience a lavarse él solo. Enséñele a echarse el champú y a que se lave bien todas las partes del cuerpo. «Ernesto, te estás haciendo muy mayor. ¡Qué bien te estás lavando tú solo! Si te apetece, cantamos una canción mientras te lavas».

➤ Consejos útiles

✔ Sea consecuente. Con su supervisión, el baño puede convertirse en algo habitual, agradable y necesario como las comidas.

✔ Combine de vez en cuando los baños con alguna ducha ocasional con usted o su pareja. Deje elegir a su hijo lo que prefiera. Es una buena idea para que el niño se acostumbre al agua en la cara y en la cabeza, y puede ocurrir que acabe prefiriendo la ducha al baño.

✔ A menudo, si la relación madre-hijo está atravesando una etapa realmente difícil, es buena idea dejar que del baño se encargue la canguro, al ser una persona más neutra desde el punto de vista emocional.

✔ Busque cuentos infantiles sobre el baño. Pueden leerlos antes o durante éste.

✓ Organice divertidos juegos de agua (hacer pompas de jabón soplando con unas cañas, etc.). Tenga en cuenta que el baño ha de ser un momento de placer y disfrute para el niño.

De 7 a 12 años

➤ Qué ocurre exactamente

Cuando su hijo mayor se niega a bañarse o ducharse es posible que no desee dejar lo que está haciendo o, sencillamente, que no le gusta que le manden. Si usted insiste de forma continuada quizá se haga el sordo e ignore sus demandas. Fácilmente esta situación puede escapársele de las manos y convertirse en una batalla de poder. Por ello conviene que sea inteligente y gane su cooperación, que lleguen a un acuerdo conjunto y cumplan lo acordado con coherencia y firmeza.

➤ Cómo actuar

No se rinda y esfuércese por lograr una relación de cooperación. Planifiquen juntos la hora más conveniente para el baño. A partir de esta edad, usted no puede forzar físicamente a su hijo a que entre en la bañera. Es más conveniente que utilice el método de las consecuencias lógicas: «Nati, cuando te hayas bañado podrás ver la televisión o usar el ordenador».

Sea flexible, su hijo sentirá un mayor control cuando llegue a un trato con usted. «Manolo, hoy te toca baño, pero como es viernes te dejo que lo cambies por mañana a primera hora. Sólo por esta vez, pero si cumples lo prometido, podré ser flexible más veces».

No lo riña por no lavarse bien. Insista en enseñarle: «José Antonio, dime tú qué entiendes por un buen baño. ¡Vale! ¿Y para qué sirven el jabón y la esponja?».

Hágase con un reloj despertador para indicar la hora del baño o la hora de salir de la bañera.

➤ Consejos útiles

✓ Reserve tiempo para la resolución de problemas en un momento tranquilo:

«Aurora, cuando te recuerdo que debes bañarte parece no sentarte bien y te pones de mal humor». Déjela hablar, escuche y refleje sus sentimientos. «Parece que tú no quieres...». A continuación, explíquele brevemente cómo se siente usted: «Sabes, cariño, que no me gusta tener que obligarte. Ya eres mayor para ser responsable sin que yo tenga que intervenir». Piensen en posibles soluciones: «Dame algunas ideas para resolver este problema y acordemos una de prueba para esta semana». No se olvide de la propuesta y sígala durante la semana para ver cómo funciona esa idea.

✓ La práctica de deportes es una buena forma de introducir la necesidad del baño. Después de jugar un acalorado partido y empapados de sudor, suele apetecer una buena ducha.

«Quiero que mi hijo sea en la vida lo que yo no pude ser»
[Deseos paternos]

➢ Qué ocurre exactamente

Por más que nos empeñemos, no todos los sueños se cumplen a lo largo de la vida y alguno de ellos queda pendiente. Es normal que siempre escondamos algún deseo insatisfecho en nuestro interior.

Conforme pasa el tiempo, las personas que deciden tomar las riendas de su vida con valentía aprenden que la renuncia y la transigencia forman parte de la existencia humana. Ello no quiere decir tampoco que debamos resignarnos: los sueños y las aspiraciones infunden ganas de vivir, aunque no exista garantía alguna de que se hagan realidad.

A algunos padres les hubiera gustado estudiar, pero en aquella época quizá las circunstancias no se lo permitieron. A algunas madres les hubiera encantado practicar ballet, pero entonces era impensable. No importa, ahora que tienen hijos, ¡qué mejor que hacer realidad sus sueños infantiles a través de ellos!

Numerosos padres suelen decir: «Quiero dar a mi hijo lo que yo no pude tener», pero no siempre todas las economías se lo pueden permitir. Muchos padres dedican larguísimas jornadas laborales en la oficina o en la fábrica y, al miamo tiempo, muchos niños no entienden por qué han de sentirse culpables de pagar las «cuentas pendientes» de la infancia de sus padres.

Cuando los hijos desempeñan el papel que les han transmitido sus padres y hacen realidad las esperanzas depositadas en ellos, sus progenitores se muestran profundamente agradecidos. Sin embargo, cuando se niegan, es prácticamente imposible evitar las peleas, los enfrentamientos y el distanciamiento.

En ambos casos, los niños soportan una carga que les ha sido impuesta por los demás y de la cual ellos no son responsables. Así, tanto esfuerzo –y tan mal encaminado– por parte de los padres no va a favorecer precisamente el desarrollo de la personalidad de su hijo.

➢ Cómo actuar

Consumir significa gastar, agotar, pero los niños no son objetos de consumo, sino personas independientes, aunque al venir al mundo sean seres totalmente indefensos. Todo lo que necesitan de nosotros se resume en una sola cosa: ayuda para su desarrollo. Nuestros sueños no deben intervenir.

Así, si nosotros somos actores, futbolistas o patinadores frustrados, no nos empeñemos en que nuestros hijos hagan y consigan lo que a nosotros nos hubiese gustado tanto. Es muy posible que ellos no compartan nuestras aficiones y nuestros gustos, y eso está muy bien y merece nuestro respeto antes que nuestra desaprobación.

Es bueno y necesario que los niños hagan ejercicio, ya que a través de él conocen el mundo, pero les perjudica seriamente iniciar la practica deportiva demasiado temprano y de forma abusiva. La ambición de algunos padres, que les exigen mucho más de lo que son capaces de rendir, puede resultar enormemente destructiva. Los niños piensan que sólo serán queridos si hacen bien lo que se espera de ellos, y como desean recibir afecto a cualquier precio, se esfuerzan en conseguir el mejor rendimiento deportivo posible. No se suele tener en cuenta el elevado precio que pagan los niños para alcanzar su objetivo, algo que sólo pagan ellos porque no lo comparten con nadie más. El sentimiento de soledad puede dificultar, profundamente, su desarrollo y su crecimiento personal.

➢ Consejos útiles

✓ Los niños necesitan a otros niños para desarrollarse equilibrada y correctamente. Cuando se desea entrenar al niño, en la materia que sea, de forma individual, ponemos en peligro sus contactos sociales, que pueden quedar relegados a un segundo plano si para el adulto es más importante el éxito de su hijo que una infancia feliz.

✓ La gimnasia, los deportes acuáticos, el atletismo, las carreras de *cross* y las actividades en grupo en plena naturaleza son estupendos para los niños. Es completamente normal que les sirvan de estímulo para competir entre sí. Quieren entregarse al máximo para hacerlo mejor que nadie y se afanan por conseguirlo. Este esfuerzo es constructivo.

✓ Quizá durante estas competiciones descubra que su hijo es un portento y quiera ir más lejos. Antes escuche al niño, porque sus intereses pueden ir por otro camino y lo único que conseguiría sería atarlo a sus propios sueños y deseos. Deje que sondee sin impedimentos el potencial de su propia personalidad. No tema, en el fondo él sabe mejor que nadie qué le conviene.

«Tengo miedo cuando he de ir de compras con mi hijo»

[Ir de compras]

➤ Qué ocurre exactamente

Ir de compras con un niño no tiene por qué resultar una experiencia terrible, sino que incluso puede llegar a ser muy divertido. En un primer momento podemos pensar que sería más práctico dejar al niño en casa: la compra sería más fluida y nos evitaríamos situaciones embarazosas, como sofocar una rabieta porque no compramos todo lo que al niño se le antoja. Pero si lo deja siempre en casa, le está negando la oportunidad de aprender a controlarse y a ser responsable de sus actos. Es verdad que no siempre disponemos del tiempo que desearíamos y más de una vez nos tocará realizar las compras a toda prisa y llevando casi a rastras al niño. Explique a su hijo con toda sinceridad el porqué de sus prisas y de su mal humor para que no tenga que adivinar la causa ni suponer que está enfadado con él por haber hecho algo malo.

Para que estas salidas sean más agradables, conviene que el progenitor esté lleno de energía, disponga de algo de tiempo y se planifique la salida de compras previendo cómo actuar en caso de mal comportamiento de su hijo. Permanezca alerta: su actitud positiva y la confianza en su hijo son elementos esenciales.

➤ Cómo actuar

Antes de entrar con su hijo en el establecimiento, explíquele a dónde van y qué desea comprar. Muestre entusiasmo y alegría por ir con su hijo. Éste se portará mejor si se siente querido y necesitado: «Alicia, vamos a ir al supermercado a comprar lo que nos hace falta para la semana. Estoy muy contenta de que hayas venido, me vas a ayudar mucho» Hable con su hijo para comunicarle ideas y pensamientos mientras se desplazan por el establecimiento.

Asegúrese de que el pequeño ha entendido bien cómo debe portarse. Compruébelo antes de entrar. En vez de órdenes, utilice preguntas muy concretas como: «¿Con quién estarás todo el rato en la tienda?» o «¿Qué cosas puedes tocar?». También ofrézcale alternativas: «¿Prefieres ir sentado en el carrito de la compra o ir a mi lado caminado?». Si su hijo acepta portarse bien antes de entrar, es más fácil que así sea.

Implíquelo en la compra («¿Me ayudas a buscar los cereales que tomaremos en el desayuno?») y propóngale algo simpático para el final de la misma: «Alicia, cuando hayamos acabado de comprar, podrás coger un cuaderno para pintar» o «Si acabamos pronto de comprar, podremos jugar un poquito en el parque antes de llegar a casa».

En caso de que el niño se porte mal, tranquilo. No lo amenace ni lo riña, permanezca impasible y actúe: no se inmute y acabe con rapidez las compras. Se trata de aplicar acción y pocas palabras. Saque a su hijo de la tienda, siéntelo dentro del automóvil, por ejemplo, y espere fuera hasta que se calme. Cuando se haya serenado, hable al respecto y planifique las cosas para la próxima vez: «Alberto, te has portado muy mal. La próxima vez iré a hablar con el encargado de la tienda y mientras me guardan las compras te dejaré en casa de la tía Mónica». Es importante que siempre cumpla lo que dice, ya que tal vez su hijo desee ponerlo a prueba en alguna ocasión.

Comente también las salidas que han acabado bien: «Vaya, Jaime, hoy me has ayudado mucho a comprar la ropa que necesitas para el colegio. Como nos sobra tiempo, lo vamos a celebrar merendando juntos en la cafetería».

➢ Consejos útiles

✓ Planifique la salida para que todo vaya bien. Si su hijo está cansado o tiene hambre, no disfrutará mucho en los establecimientos comerciales.

✓ Tenga a mano una bolsa con provisiones por si acaso su hijo se siente cansado y hambriento. Algo que le resulte apetitoso suele ayudar al pequeño a acabar la tarde de compras.

✓ Mantenga unas expectativas razonables y calcule cuánto tiempo puede esperar su hijo. No intente alargar la compra hasta que se le acaben las fuerzas, ni tampoco se entretenga demasiado conversando con algún conocido.

«Mi hijo nunca está contento con nada»

[Hiperexigencia e insatisfacción]

➤ Qué ocurre exactamente

Cuando nació Irene, su pequeño mundo ya la estaba esperando. La dejaron en una preciosa habitación infantil diciéndole: «Aquí tienes todo lo que podrías desear; que te diviertas mucho jugando, cariño». Irene no prestaba atención a las cosas maravillosas que tenía y, como todos los niños, reclamaba más atención y cariño a sus padres, pero lo que recibía de ellos fue el eterno círculo vicioso de desear, comprar, tener y desechar. Irene no se ha hartado de ello y, para colmo, siempre ha conseguido que sus padres actuaran como una especie de marionetas: si tira bien de los hilos, su madre o su padre salen corriendo a comprarle algo. A los niños les encanta tratar de manipular a sus padres, pero cuando lo consiguen, se sienten profundamente decepcionados.

Irene no aprovecha casi ninguna de sus facultades ni sentimientos. Desde luego, lograr que su madre le compre un juguete nuevo es un éxito, pero como le resulta muy fácil conseguirlo, a largo plazo no le satisface. Como Irene cada vez tiene más problemas para dormir adecuadamente, el pediatra le indica que realice terapia de juego, ya que Irene se ha convertido en una niña con muy pocas aptitudes, tanto motrices como intelectuales. Se estancó en una fase de desarrollo muy temprana. Su autoestima está muy poco desarrollada y, en presencia de su madre, se siente completamente desamparada. Entonces se aferra a su biberón y le entran ganas de acostarse y de dormir, lo que es un claro indicio de cómo se ve a sí misma: incompetente y dependiente, casi como un bebé.

➤ Cómo actuar

La madre de Irene tiene que esforzarse también junto a su hija porque de ella depende, en gran parte, que la niña descubra sus propias aptitudes y sea capaz de ir ganando confianza en sí misma a través de los pequeños éxitos que consiga por sí sola.

El aprendizaje elemental que precisa Irene empieza por tolerar la frustración, es decir, aguantar un poco la necesidad y el deseo, saber esperar, saber tolerar la incomodidad y el hambre. Aprender que los deseos no son órdenes porque la realidad no es ésa. Un recién nacido sí vive así la realidad: hambre-llanto-alimento, pero poco a poco aprende a regularse, a esperar, a comer cada cuatro horas, etc.

Irene posiblemente coma a todas horas galletitas y golosinas, sin hacer una comida completa, con dos platos y postre. Tampoco sabe jugar, carece de cierta disciplina, pero como ocurre en muchas ocasiones, el trabajo empieza por los padres. Que ellos sepan tolerar la espera, los deseos no resueltos y el malestar de un hijo es fundamental para su retoño, para que deje de correr sin rumbo con la única intención de saciar esa necesidad que continuamente se ve insatisfecha.

➢ Consejos útiles

✓ El cultivo de la creatividad y la imaginación permite a su hijo dedicarse a aquellas cosas que proporcionan unos conocimientos elementales a todos los niños y les enseñan a vivir: el papel y los colores, el martillo y los clavos, los tacos y las tablas de madera, la arcilla y la cola, el papel de periódico, las tijeras, los lápices, la tela, la lana... Sin esos materiales, el mundo de los niños está vacío y carece de color.

✓ No debe instalar nunca un aparato de televisión en la habitación de sus hijos. En caso de que ya esté instalado, deberá sacarlo cuanto antes. Posiblemente a su hijo le cueste mucho acostumbrarse a esa pérdida porque ha crecido con él y ha desarrollado cierta dependencia hacia la oferta de bienes de consumo a través de la pequeña pantalla.

✓ Puede hacer como la madre de Irene, que acaba inscribiendo a su hija en una guardería que cada semana organiza un día de actividades sin juguetes. Pero Irene, como otros muchos niños, sólo puede dar un giro a su todavía joven vida con una condición: que sus padres entiendan lo que realmente ella necesita y que tengan muy claro que ninguna carencia, cualquiera que sea, se remedia a través del consumo.

«Mi hijo no se entretiene con nada»

[Aburrimiento]

➤ Qué ocurre exactamente

Una de las cosas que más atemoriza a los padres es ver a sus hijos aburridos y sin entusiasmo por nada. Cuando los niños se aburren, los padres nos sentimos inquietos. Y si, además, los profesores nos confirman también la falta de interés, la apatía y las pocas ganas que tienen en la escuela, la alarma se dispara y la primera reacción es: «¿Qué le pasa a mi hijo, no es normal? Hay que ocupar al niño en algo, cueste lo que cueste».

Si preguntamos a los abuelos, por ejemplo, si cuando eran pequeños se aburrían, posiblemente nos contesten que no. Parece ser que antes, a pesar de tener menos juguetes, los niños no se aburrían tanto como ahora.

¿A qué puede ser debido que los niños de hoy se aburran más que los de antes? Posiblemente, en gran parte, al hecho de que en los últimos veinte años han desaparecido determinados espacios vitales que les permitían tener experiencias nuevas:

✔ Los juguetes de antes eran simples y básicos, y requerían y ofrecían múltiples posibilidades. Estimulaban ricamente la fantasía.

✔ Muy pocos niños tienen posibilidad de ir andando al colegio con otros niños.

✔ La constante presencia de vehículos no sólo aleja a los niños de la calzada, antes muy utilizada para jugar, sino que se extiende a las aceras y las transforma en aparcamientos improvisados, con todo el peligro que ello comporta.

✔ Los parque infantiles no siempre son suficientes, muchas veces están mal equipados y albergan más desperdicios, excrementos de perro o personas intimidantes que columpios propiamente dichos. Afortunadamente se empieza a tomar conciencia de ello y ya se percibe un esfuerzo por conseguir este tipo de equipamientos.

✔ Los paseos, al menos en familia, también están pasados de moda, aunque ahora empieza a estar presente, aunque muy timidamente, el conocido turismo rural, que invita a estupendos paseos y excursiones. En su lugar se practica *footing* o se coge el automóvil para dar una vuelta, suprimiendo el aliciente de alcanzar una meta a pie. De esta forma se pierde un poco el hecho de reconocer el paso de las estaciones en la naturaleza, por no hablar de los animales que viven en libertad.

✓ Pero, en realidad, la limitación de la libertad de movimientos y de experiencias empieza dentro de la propia casa. Los pisos pequeños, con diminutas habitaciones llenas de muebles, hacen que resulte difícil invitar a los amiguitos a jugar. Además, no se puede hacer ruido porque molesta a los vecinos.

Ante la evidencia de la enorme limitación de sus espacios vitales y de sus posibles actividades, no es de extrañar que los niños de hoy en día se aburran a menudo: su libertad de movimientos es cada vez menor.

➢ Cómo actuar

Cuando el niño se aburre, suele volverse agresivo y perezoso, por lo que hemos de hacer frente a la situación. Pero, claro, ¿es que los padres están en condiciones de proporcionar a sus hijos un sustituto adecuado de todos los espacios vitales que han sido sustraídos a los niños? Muchos contestaráan que el niño tiene todo lo que, al menos en apariencia, desearía. En el programa infantil de la televisión ve todas aquellas cosas bonitas que los padres consideran buenas para sus hijos. Y por si esto fuera poco, pueden entretenerse con la consola, el videojuego o el ordenador personal, para que además sea más listo. En definitiva, el niño puede hacer todo aquello que caracteriza a una buena infancia sedentaria. Pero, a pesar de todo, el niño sigue planteando la misma pregunta: «¿A qué puedo jugar?».

No nos desanimemos porque los niños mantienen prácticamente integras sus ansías por hacer algo útil, desean asumir responsabilidades y modos de comportamiento social que amplíen sus competencias. Pero, claro, cuanto mayor sea su aislamiento durante la infancia, menos posibilidades tendrán de afrontar responsabilidades prácticas hacia los demás, aprender modos de comportamiento socialmente correctos y hacer amigos.

➢ Consejos útiles

Los niños imposibilitados de realizar «obras de construcción», es decir, realizar proyectos que estimulen la imaginación y permitan probar todos los medios a su alcance, no son felices porque sienten que les falta algo imprescindible para sentirse completos. Estas «obras de construcción» no se dan frente al televisor sino a través del juego y de las actividades compartidas con los padres, y requieren de su atención, sus elogios, su reconocimiento y estímulos siempre nuevos.

Cuando no hay «obra de construcción», es decir, ese algo que el niño pueda hacer, no existe continuación, corrección ni tampoco una solución para arreglar aquello que no ha quedado bien al día siguiente.

Las «obras de construcción» son desordenadas, en ocasiones sucias, sobre todo porque los niños creativos son propensos a experimentar y mezclar alegremente los materiales más extraños. En ocasiones deberemos controlarnos por querer tener la casa en perfecto orden y limpieza, a no ser que se prefiera la cómoda solución de colocar al niño frente al televisor. Pero, recuerde: el aburrimiento va germinando en silencio y crece sin parar. Los niños que se dejan llevar por la curiosidad, se mueven a voluntad y lo manipulan todo para descubrir el mundo nunca se aburren. El aburrimiento en un niño no es más que el producto de la pasividad impuesta por los padres.

Cuando los niños están relajados en su cama, antes de dormirse, les gusta pensar cómo pueden mejorar y también cómo pueden hacer más bonito o incluso cambiar el aspecto de algo.

«Mi hijo nunca pone cuidado en nada de lo que hace»

[Torpeza]

➤ Qué ocurre exactamente

A veces nos cuesta confiar en nuestro hijo cuando se encarga de alguna tarea un tanto delicada, como transportar un pastel o llevar un vaso de agua, o cuando, de camino a la escuela, se olvida la mitad de los libros o la ropa de deporte, o cuando, sencillamente, le pedimos algo y vuelve sin ello.

El ser descuidado es un problema de todas las edades, y las críticas e insistencias de los padres lo único que hacen es agravar el comportamiento. Cuando criticamos a nuestro hijo lo que hacemos en realidad es empequeñecerlo y reducir su autoestima. «¿Cómo puedes ser tan torpe? ¿Es que nunca vas a aprender? ¿Cuándo vas a crecer?». Todos los comentarios de este estilo crean una falta de confianza que sólo sirve para empeorar las cosas.

Nuestro hijo necesita líneas directrices precisas, saber que usted lo entiende cuando hace algo mal y una buena dosis de estímulo para hallar una solución al problema. Las casas donde se respira un ambiente perfeccionista no dejan prosperar al niño. Nuestro hijo aprenderá a pensar en el futuro y a ser más cuidadoso a medida que vaya adquiriendo confianza en sí mismo y experiencia. Tengamos paciencia. Se trata de un proceso lento que dura años.

➢ Cómo actuar

Debemos evitar que nuestra rabia caiga de lleno sobre nuestro hijo cuando suceda algún accidente. Pero, eso sí, hablemos con sinceridad y distingamos lo que hace nuestro hijo de lo que él es. Nuestro hijo verá que estamos enfadados, hagámosle saber por qué: «Sonia, sabes que esta bandeja me gustaba mucho. No puedo soportar que se haya roto. Necesito tranquilizarme, luego ya hablaremos sobre qué vamos a hacer».

Es mejor que, en vez de insistir o amenazar, preguntemos a nuestro hijo qué podemos hacer para evitar una mala situación. Fomentemos la reflexión.

Cuando sea posible, deje que su hijo aprenda en base a las consecuencias naturales. Seguramente su hijo echará en falta una chaqueta si hace frío o un paraguas si llueve.

Si las consecuencias naturales no van bien, aplique una consecuencia lógica. Por ejemplo, si su hijo pequeño no quiere ir nunca por la acera, una solución es llevarlo en el cochecito o bien cogido siempre de la mano. Si su hijo ha roto un cristal de un balonazo, deberá pagarlo con sus ahorros.

Cuando el problema se repita, establezca directrices para que su hijo sepa las consecuencias y aprenda a ser más responsable: «Juan, te has olvidado muchas veces el almuerzo. No pienses que te lo voy a llevar al colegio una vez más. Sé que puedes aprender a no olvidarte. Si te lo dejas en casa, tendrás que arreglártelas».

Cumpla siempre lo que le diga. Aunque le parezca duro, es importante que no proteja excesivamente a su hijo.

Reconózcale sus esfuerzos y mejoras, pero, en vez de decir: «Estoy orgullosa de ti», diga mejor: «Alicia, ya he visto que te has acordado de traer el abrigo de casa de Vanesa. ¡Buena memoria!».

➤ Consejos útiles

✔ A veces, los descuidos de los niños pueden indicar estrés. Procure simplificar en lo posible su mundo durante este período. Un número excesivo de actividades resultará negativo. Siempre que sea posible, mantenga un horario regular de comidas y de la hora de acostarse. Las situaciones nuevas y el inicio del colegio son causas de estrés.

✔ Consiga tiempo para expresar físicamente su cariño a su hijo aunque no haya un motivo especial. Si él sabe que usted lo quiere siempre, no tendrá miedo de perder su amor cuando haga algo mal.

✔ Es bueno también que otros adultos importantes y positivos para su hijo pasen un tiempo especial con él de vez en cuando. Toda esta dedicación refuerza y crea confianza.

«Mi hijo siempre dice que todo es malo»

[Tozudez]

➤ Qué ocurre exactamente

«No quiero jugar», «no quiero que venga Sebastián», «no quiero ir a la fiesta, no va a ser divertida», «no quiero hacerlo, no se por qué tengo que hacerlo»...

Quizá alguna de estas frases le resulta familiar. Si es así, probablemente tenga un hijo con actitud muy negativa. Algunos niños son más propensos a ver la parte negativa de las cosas. Son difíciles de entusiasmar, no se adaptan fácilmente a situaciones nuevas y dudan en hacer algo por primera vez. Muchos utilizan una actitud negativa («no puedo», «no quiero», «no voy a») para evitar todo aquello que les produce ansiedad y temor. Tanto si es algo con lo que nacen como algo que adquieren, los niños «negativos» pueden beneficiarse de una dosis de confianza.

➤ Cómo actuar

Intente captar la parte positiva de su hijo. Busque aquello que le excite y los rasgos de su persona con los que se siente a gusto. Coméntele el hecho de que se lo está pasando bien. Posiblemente en esos momentos el niño se sienta más seguro de sí mismo y participe. Una vez que adquiera confianza querrá intentar otras cosas.

No lo fuerce nunca, déjelo que vaya a su propio ritmo, pero esté pendiente de las cosas que realmente le gustan y le atraen.

Recuérdele que puede descansar. A menudo, el niño está más dispuesto a probar algo si sabe que puede dejarlo cuando quiera. Puede decirle: «Pruébalo un momentito; si no te gusta, lo dejamos». Ocurre a menudo que, cuando los niños empiezan algo, se dan cuenta de que realmente les gusta hacerlo. Por ello conviene que los niños sepan desde un principio que la nueva actividad tiene una limitación de tiempo.

No lo censure por ser tan negativo, sino más bien anímelo a hablar de por qué se siente así. Escuche sus sentimientos, tranquilícelo y déle seguridad en todo momento, animándole a seguir intentándolo. Puede decirle que cuando acabe la clase (de lo que sea que a él no le guste) podrán hablar para que él opine de cómo ha ido realmente. Incluso si a los niños no les gusta una actividad pueden sentirse bien sólo de pensar que ha acabado y, además, pueden comentarla con alguien que verdaderamente los escucha y los entiende.

Contar la propia experiencia ayuda más de lo que parece. Puede hablarle de cómo a usted también le daba una vergüenza terrible bailar en las fiestas con tanta gente, o el dolor de barriga que sufría cada vez que se examinaba de matemáticas porque nunca se le dieron bien los números. Los niños tienen esa falsa idea de que sus padres son perfectos. Por ello necesitan conocer cómo éramos de niños para que sepan que tuvimos que luchar contra los mismos temores, angustias y problemas. Necesitan saber que esa cosa tan terrible que les está pasando también les sucedió a otras personas.

➢ Consejos útiles

✔ Enseñe a su hijo a reírse de sus propios errores para que él también aprenda a reírse de los suyos. A una niña que creía que era incapaz de hacer nada bien, le encantaba que su madre le explicase la primera entrevista de trabajo: «Cuando acabé la entrevista estaba tan nerviosa, porque tenía la impresión de haberlo hecho tan mal, que me equivoqué de puerta y me metí en un armario. Cuando sentí las risas de todos, me encerré dentro y me negué a salir. Todos pensaron que la puerta se había atascado y llamaron a los bomberos. Salí roja como un tomate. Todavía oigo las risas de todos».

✔ La risa a menudo es la mejor medicina para una actitud negativa que nace del temor. Si procuramos tomarnos la vida menos en serio, nuestros hijos aprenderán que pueden cometer errores y reírse de ellos mismos y, además, reorganizarse y seguir viviendo.

✔ Cada vez que observe una actitud negativa de su hijo anótela junto lo que estaba pasando en ese momento. Esto le ayudará a identificar situaciones desencadenantes. Un padre que anotó la conducta negativa de su hijo se dio cuenta de que se resistía a participar en actividades extraescolares porque prefería pasar ese tiempo con él. Cuando su padre le dejó claro que pasarían juntos los fines de semana, al niño ya no le importó tanto estar más tiempo en el colegio. Otra madre, en cambio, comprobó que su hija sólo se mostraba negativa en las actividades en las que participaban el resto de sus hermanos. Casualmente se dio cuenta de que cuando no estaba su hermana mayor, la niña se mostraba mucho más dispuesta a participar.

✔ Utilice una señal secreta, que ambos conozcan, para indicarle que está haciendo algo bien. Esto es un modo sencillo de mostrar a su hijo que está orgulloso de su actitud positiva y puede ayudarlo a aprender algo acerca de él que es posible que desconociera.

✔ Evite clasificarlo, ya que no existe un modo más rápido de asegurar que su hijo seguirá siendo negativo que «etiquetándolos» de ese modo.

«Mi hijo no sabe perder nunca»

[Saber ganar y perder]

➤ Qué ocurre exactamente

Para un padre, el que su hijo no disfrute de un juego si no es para ganar resulta frustrante y no poco incómodo. Este problema está a la orden del día, sobre todo cuando existe un hermano mayor o un amigo muy competitivo que quiere ser siempre el más grande, el más rápido y el mejor. Pero, además, los padres competitivos suelen tener hijos competitivos.

Deténgase a pensar por qué su hijo tiene tanto interés en ganar. Algunos niños no son capaces de competir adecuadamente con otros hasta la edad de diez años.

La mayoría de los niños disfrutan más con deportes y actividades individuales hasta los seis años de edad, pero entre los seis y los diez disfrutan compitiendo entre sí, aunque temen perder. Sepa que los juegos competitivos que acaban con un ganador y un perdedor no son actividades adecuadas para los niños de esas edades.

Introduzca juegos de cooperación, que se concentran más en ayudar que en vencerse mutuamente. Con ayuda de estos juegos y de una educación positiva es posible moderar este tipo negativo de comportamiento. En los ambientes de cooperación florece una autoestima saludable y un cariño y atención hacia los demás.

➤ Cómo actuar

Fomentar los juegos de cooperación nos va a servir de gran ayuda para que el niño deje de obsesionarse por la competitividad. Todos los juegos pueden alterar sus normas para suavizar su competitividad. Piense en sistemas para dar más importancia a la puntuación global o bien hacer turnos. Fomente la idea de ayudarse mutuamente para conseguir el objetivo. Sea creativo.

Si la competitividad es un auténtico problema para su hijo, identifique sus sentimientos y muéstrele su comprensión: «Teresa, no quieres jugar porque tienes miedo de que Elena sea mejor que tú. Te entiendo perfectamente. Yo también sentía lo mismo cuando tenía tu edad. Pero ya me he dado cuenta de que los juegos están para divertirse, no importa quién gane o pierda. Si no te diviertes este juego, déjalo, no te sientas obligada a jugar».

Observe las cosas que su hijo hace bien. Quítele importancia a sus errores y nunca diga: «Deja que lo haga yo, es demasiado difícil para ti». En lugar de ello, anime al pequeño: «Lo has intentado muy bien. No te preocupes, no estamos haciendo una carrera. Al final lo conseguirás, ya verás».

➢ Consejos útiles

✓ Antes de estudiar la actitud de su hijo repase la suya. ¿Tal vez habla de competitividad respecto a su trabajo? ¿Se entusiasma demasiado cuando gana su equipo favorito de fútbol y se enfada muchísimo cuando pierde? ¿El hecho de ganar es tan importante para usted que empuja a su hijo a que gane siempre? No olvide que los niños imitan constantemente el comportamiento de los padres.

✓ Acuda a alguna juguetería especializada y pregunte sobre juegos no competitivos, que fomenten la colaboración. Visite también alguna librería y pregunte sobre libros que hablen de juegos no competitivos.

✓ Busque actividades al aire libre y concéntrense en el aprendizaje de las técnicas de juego y en pasar un buen rato.

«Mi hijo siempre responde que no a todo»

[Negatividad]

➢ Qué ocurre exactamente

No se desespere si su hijo pequeño dice continuamente que no a todo, incluso a las cosas que le gustan. Ya sabemos que resulta exasperante y hace perder gran cantidad de tiempo, pero en realidad su hijo está «haciendo su trabajo». Este comportamiento es normal y, además, muy saludable para su hijo. A la edad de dos años, los niños tienen fama de negarse a todo, costumbre que a veces continúa hasta los tres, cuatro o, incluso, cinco años.

Al decir «no», su hijo se encuentra ante una de las primeras oportunidades para comenzar a separarse de usted y practicar sus propias decisiones, algo muy importante para la confianza en uno mismo. Ármese de paciencia, no pierda los nervios y permanezca en una línea positiva, pero aclare bien sus límites. Dígale lo que va a hacer y cúmplalo si no quiere perder autoridad. Sea siempre muy consecuente.

Procure no controlar excesivamente a su hijo ni entre en una batalla de poder. No escatime en generosas dosis de cariño y estímulo durante todo este período. Su hijo debe sentir y saber que usted seguirá queriéndolo y que nunca lo abandonará incluso cuando él diga «no». Necesita saber que se encuentra seguro aunque se independice de usted.

➢ Cómo actuar

Utilice respuestas positivas e indíquele a su hijo lo que debe hacer en lugar de emplear usted también el «no». En lugar de decir: «¡No!, no pintes con las ceras en la mesa», es mejor: «Susana, cariño, pon un poco de papel de periódico debajo de tu dibujo para no manchar la mesa». En lugar de: «¡No aprietes tanto al pollito!», es mejor: «Carlos, por favor, coge con mucho cuidado al pollito, que le puedes hacer daño sin querer». Reservemos los «noes» para los momentos en que sea realmente importante, por ejemplo: «¡No! ¡El fuego quema!».

Marque límites. Si la elección de su hijo es un «no» claro, pero ello no es posible, permanezca firme y recuerde utilizar acción y pocas palabras. No riña ni insista. Diga las cosas y luego cúmplalas: «David, tienes que vestirte. O te vistes tú o te visto yo». Sus peticiones deben ser claras y decididas. No acabe las frases con una pregunta como: «Paula, es el momento de ponerse le pijama, ¿de acuerdo?». Este tipo de frases invitan a un «no» grande y tozudo. Es mejor: «Sonia, es hora de acostarse. Por favor, ponte el pijama».

La tozudez de su hijo refleja un nuevo estadio de pensamiento. Cuando el niño diga «no», intente hacerle pensar en términos de causa y efecto: «Carolina, sé que quieres jugar con el fuego, pero ¿qué crees que te pasará si tocas el fuego, que quema?

Consiga tiempo para enseñar. Demuestre a su hijo qué ocurrirá si se niega a hacer lo que usted le pide. Acérquele con cuidado su manita al fuego para que sienta su calor, no tardará en retirarla.

El sentido del humor es siempre bienvenido, y más en estas situaciones. Cuando siga una línea negativa, intente distraerlo. Por ejemplo, mientras le cepilla los dientes, cante alguna canción. Cuando toque la hora de acostarse, imiten la marcha de algunos animalitos que él conozca. Mientras lo viste, explíquele un cuento.

➢ Consejos útiles

✓ Cuando tenga que avisar a su hijo déle un tiempo para que responda. Si tiene que dejar de jugar, dígaselo cinco minutos antes. Cada dos horas, por ejemplo, puede explicarle lo que harán a continuación: «Silvia, ahora iremos a comprar el pan, y luego al banco». Es usual que un niño que suele decir «no» a las cosas inesperadas o que no le gustan, acepte con más facilidad el cambio si se le prepara de antemano.

✓ Calcule el tiempo necesario para poner en marcha a un niño que dice «no» y evite enfrentamientos de poder. Si su hijo nota que usted tiene prisa, seguramente le dirá con más frecuencia: «No, lo quiero hacer yo solito».

✓ Mantenga unas expectativas razonables según la edad de su hijo. Marque unos límites realistas.

✓ Deténgase a pensar en las diferentes oportunidades que pueden darse para explorar sentimientos. Por ejemplo, lean juntos libros infantiles. Pida consejo en una librería infantil o en una biblioteca bien surtida sobre publicaciones interesantes al respecto.

«¿Por qué mi hijo siempre pregunta "por qué"?»

[Curiosidad extrema]

➤ Qué ocurre exactamente

Todos los padres han sido abordados, con mayor o menor insistencia, por la pregunta «¿por qué?». Enfrentarse a este interrogante es un fenómeno muy corriente en la educación infantil. Cuando el niño empieza a hablar, parece que uno no acaba de responder a una pregunta cuando él ya nos ataca de nuevo con otro «¿por qué?». Pero, a veces, también los «¿por qué?» son una forma de llamar la atención. Ellos se dan cuenta que acaparan la atención de los mayores cuando no paran de preguntar «¿por qué?». Si descubre que es esto lo que le ocurre a su hijo, conviene que usted le ofrezca mucha atención positiva también en otros momentos.

No obstante, en la mayor parte de los casos, los «¿por qué?» son sinceros y, por muy agotadores que resulten, es preciso que dedique un tiempo a responder las preguntas para satisfacer la curiosa mente de los pequeños. No olvidemos que la curiosidad es un don extraordinario que hay que preservar. Además, sus respuestas ayudarán a ampliar el limitado vocabulario de su hijo, y en su momento le plantearán otras preguntas.

➤ Cómo actuar

Cuando su hijo acuda a usted y le pregunte «¿por qué?», responda a su vez con otra pregunta: «Javier, ¿por qué crees que la hierba es verde?». Las preguntas hacen pensar más a los niños que las respuestas.

Esté donde esté, describa todo lo que hay a su alrededor y plantee las preguntas antes de que él se adelante: «Montse, ¿ves allí, en medio del descampado, una máquina excavadora? ¿Qué te parece que está haciendo? ¿Sabes qué es excavar? ¿Cuántas personas hay?».

Si ya empieza a estar cansada de tantas preguntas, hágaselo saber de una forma simpática. Con firmeza, pero con amabilidad, puede decir: «Álvaro, ya te he contestado todo lo que sabía. Ahora quisiera escuchar esta canción que emite la radio. Por favor, no me hagas más preguntas hasta que lleguemos a casa».

Fomente el saber escuchar: «Isabel, haces unas preguntas muy buenas, pero ahora ya estoy un poco cansada de contestarlas. ¿Sabes qué? Vamos a escuchar ahora esta casete de cuentos donde se explican muchas cosas sobre los ratoncitos, que tanto te interesan; seguro que encontramos muchas respuestas a tus preguntas».

➤ Consejos útiles

✓ Si dedica con regularidad un tiempo a su hijo para escucharlo y hablar con él posiblemente evitará que intente captar su atención con sus «por qué».

✓ Practiquen juntos la lectura en voz alta. Leer fomenta la capacidad de escuchar y satisface la curiosidad.

✓ Explique cada día a su hijo las diferentes tareas y actividades que lo aguardan durante el día. A él le gustará saber qué le espera, qué viene a continuación y cuándo tendrá tiempo de estar con usted. Al saber que hay un rato que dedicará a estar con él, no tendrá la necesidad de buscar estrategias para llamar su atención.

«Mi hijo contesta siempre mal»

[Niños respondones]

➤ Qué ocurre exactamente

En alguna ocasión, la mayoría de los padres han sido testigos de las palabras hostiles de su hijo o de una forma burlona de hablar. Esta falta de respeto suele molestar mucho a los padres, pero gritar, amenazar, reñir o castigar sólo enseña al niño a utilizar la rabia. De alguna manera, ser respondón es algo normal. Conforme su hijo vaya pasando por diferentes estadios de desarrollo, irá poniéndolo a prueba con este mecanismo. El motivo puede ser por una mezcla de su carácter y la presión del estrés diario, o a que se sienta desanimado por su ambiente.

Piense y sienta de forma positiva: el contestar es una manera de que su hijo aprenda a ser asertivo. Usted constituye una persona segura con la que puede practicar este tipo de respuestas, ya que no duda de su cariño. El progenitor responsable cree: «Yo te respeto a ti y me respeto a mí mismo».

Establezca límites como padre y educador y decida qué hacer cuando su hijo le contesta mal. No olvide que debe actuar dejando las emociones a un lado. Ayude a su hijo a comunicarse bien, a tener cubiertas sus necesidades y a saber controlar sus emociones. Tenga mucha paciencia, este estadio puede durar más de lo deseable, e incluso reaparecer años más tarde, cuando ya casi nos habíamos olvidado. Muestre un gran cariño a su hijo cuando éste sea capaz de reaccionar con más madurez y dedíquele tiempo para ir formando una buena relación entre ambos.

➤ Cómo actuar

✓ Pregunte a los profesores y educadores de su hijo para averiguar qué puede causar su comportamiento. ¿Ha visto a otros niños contestar de esa manera? ¿Qué cambios han aparecido hace poco en su entorno?

✓ No se enfurezca y mantenga la calma. Piense y decida lo que usted debe hacer, no lo que quiere conseguir de su hijo.

✓ El humor lo ayudará a aligerar la situación. No se tome el comportamiento de su hijo como algo personal o demasiado en serio.

✓ Haga una pausa obligada cuando vea que es preciso. Si su hijo está enfurecido, identifique sus sentimientos y enuncie sus expectativas. Con calma puede decirle: «Andrés, ya sé que estás muy enfadado, pero eso no te da derecho a que digas esas palabrotas. Por favor, ve un momento a tu habitación y cuando estés más tranquilo y dispuesto a ser más respetuoso, vienes y hablamos».

✓ Cuando su hijo se tranquilice, intente resolver el problema: «Andrés, ¿por qué estabas tan enfadado para hablarme así?». Escuche, serenamente, lo que él le diga y refleje sus sentimientos: «Parece como si te sintieras...». Muéstrese comprensivo y piensen juntos qué puede hacer su hijo en vez de contestar mal. Siga con él durante un par de días para evaluar sus progresos. Su hijo necesita escuchar de usted una evaluación. Si observa sus esfuerzos o, por el contrario, no corrige su comportamiento, hágaselo saber siempre.

➤ Consejos útiles

✔ Se necesita valor para reconocer las propias equivocaciones, pero si lo intentamos veremos que tampoco es tan difícil. Recordemos que nadie es perfecto. Si un día pierde el control y se enfada, respire hondo, procure tranquilizarse y pida perdón. Por ejemplo, puede decir: «Alberto, lo siento, me he enfadado mucho contigo, pero cuando dices esas palabras tan poco respetuosas me siento ofendido y me enfurezco mucho». Ceda parte de la responsabilidad a su hijo: «¿Cómo podemos evitar que esto vuelva a suceder?».

✔ Predique con el ejemplo, sea un modelo de respeto. Hable con su hijo como desea que él le hable a usted.

«El comportamiento de nuestro hijo nos aterra en algunos momentos»

[Comportamiento conflictivo]

➤ Qué ocurre exactamente

Cada miembro de la familia es un ser independiente y tiene sus objetivos, planes y deseos, además de una forma de pensar personal, que están en contraposición con los demás. Si algún miembro de la familia tiene un problema, eso repercute en el resto, ya que el espacio vital es muy reducido.

En el caso de que un niño muestre un comportamiento conflictivo o de que uno de los padres tenga algún problema grave, todos los miembros de la familia sufren las consecuencias. No hay forma de eludir esta situación. Los distintos modos de comportamiento de los miembros de la familia funcionan como un engranaje.

Cuando nos encontramos que las necesidades, expectativas e intereses de los padres y de los hijos no son los mismos, debemos buscar soluciones sólidas que atiendan y respeten a todos, procurando que nadie se sienta como un perdedor, sino que pueda preservar su autoestima. A veces basta con que nos pongamos en el lugar del otro para comprenderlo mejor.

➢ Cómo actuar

Observe si hay algo que no acaba de funcionar en su familia y examine a fondo las circunstancias. Hasta que no descubra cuáles son los factores desencadenantes no podrá aplicar las medidas necesarias.

✔ Intente averiguar qué pone nervioso a su hijo para que tenga esas reacciones tan desmesuradas.
✔ Cuando lo sepa, pregúntese por qué cree que le ponen nervioso.
✔ ¿Cuál puede ser la causa de esa situación enervante?
✔ ¿Cómo reacciona su hijo?
✔ ¿Se repite con frecuencia este tipo de situación?
✔ ¿Las reacciones de su hijo empeoran la situación?

➢ Consejos útiles

En situaciones así conviene actuar conjuntamente con su pareja; con ello no sólo se refuerza la confianza de los niños en sí mismos, sino que les da a entender que la familia ofrece protección y apoyo, y que es estupendo formar parte de ella. De esta manera, los niños se sienten orgullosos de conseguir algo uniendo sus fuerzas. Las acciones comunes de la familia dejan muy buenos recuerdos, y éstos persisten en la edad adulta.

«Mi hijo constantemente quita cosas a sus compañeros de clase»

[Ansía por apropiarse de las cosas]

De 3 a 6 años

➤ Qué ocurre exactamente

Posiblemente su hijo pequeño quiera apropiarse de todo lo que está a su alcance. Tal vez usted se enfade cuando encuentre en sus bolsillos o en su mochila algún juguete que no sea suyo. Pero no se confunda, esto no es robar, su hijo no es un ladrón. Mentalmente, él desearía que todo fuera suyo, y su idea de lo justo y lo equivocado no es la misma que la de usted. No actúe con seriedad ni use la palabra «robar», pero hable con su hijo para que devuelva las cosas que no son suyas.

Es posible que siga actuando así muchas veces antes de que llegue a comprender la diferencia entre «mío» y «tuyo». Tenga paciencia con su proceso de aprendizaje y mantenga su confianza en él. A veces, la familia o los amigos pueden ofrecer consejos bienintencionados, pero poco útiles. Mantenga la situación entre usted y su hijo, y ayúdele a comprender sus límites con coherencia, cariño y firmeza.

➤ Cómo actuar

No conviene que riña a su hijo ni le haga preguntas acusadoras, sobre todo si ya sabe la verdad: «Sara, ¿has cogido esos anillos del joyero de la abuelita?». Su hija tendrá miedo y negará haberlo hecho. Es mejor decir: «Los anillos son de la abuelita, no tuyos. Tenemos que devolvérselos y decirle que fue una equivocación». Avise a la abuela de antemano sobre la situación. Su aceptación ayudará a transformar este hecho en una buena experiencia.

Marque unos límites claros, tenga paciencia y sea consecuente en su actuación. Trate la situación en el acto, con acción y pocas palabras: «Sonia, nosotros hemos de devolver la muñeca al dueño de la tienda. La muñeca es de la tienda, no tuya». Utilizar el plural «nosotros» denota que también usted está aceptando una cierta responsabilidad, lo que le brinda una situación más segura para que su hijo pueda ser sincero.

También es bueno hablar sobre los sentimientos de los demás: «Ricardo, el balón es de Julián. Él estará triste si se lo quitas. ¿Cómo te sentirías si Julián te quitara tu pelota de colores? ¿A que tampoco te gustaría?».

Ayudar a su hijo a comprender sus sentimientos puede ser de utilidad: «Álex, esta bicicleta es de Óscar. Seguro que a ti también te gustaría tener una así». La fantasía suele ser a veces un buen sustituto.

Cuando su hijo devuelva las cosas, felicítelo.

➢ Consejos útiles

✓ Dedique tiempo a enseñar a su hijo la diferencia entre «tuyo» y «mío». Los juegos de identificación suelen ser divertidos: «Mi oreja, tu oreja..., mis zapatos, tus zapatos...».

✓ Procure que su hijo tenga sus propios juguetes, aunque haya otros comunes con los hermanos.

✓ Si puede, anticípese al problema y hable con su hijo. «Sofía, ¿qué dijimos ayer de los juguetes de María? Vale, pues cuando juegues hoy, no te lleves ningún juguete suyo».

✓ Lean juntos cuentos y libros que hagan referencia a la sinceridad y al no mentir.

De 7 a 12 años

➢ Qué ocurre exactamente

La primera vez que se dé cuenta de que su hijo ha cogido intencionadamente algo de una tienda, de la casa de un amigo o del colegio, es posible que sienta una gran inquietud y piense: «Va a convertirse en un ladrón». Aunque él ya sabe a esta edad que lo que hace está mal, su idea de «mal» aún no es la misma que la de un adulto. El hecho de agenciarse de cosas que no son suyas es bastante frecuente en niños de esta edad. Cada vez que se entere de que ha sustraído algo, aproveche esa oportunidad para que aprenda a ser responsable de sus actos y para que devuelva lo que ha tomado. No lo riña, no le pegue y no lo castigue. Recuerde que está educando a su hijo para que tenga autocontrol, para que sepa elegir bien y para que tenga un sano sentido común. Pregúntele por qué coge algo que no es suyo, y con una actitud firme, cariñosa y coherente, incítelo a que lo devuelva. Si usted cumple siempre lo que dice, este comportamiento desaparecerá.

Pero ocurre, a veces, que el robar se convierte en algo cotidiano; entonces puede tratarse de algo más que de una forma de llamar la atención: puede ser un grito de auxilio, una petición desesperada de ayuda, una señal de que algo va mal. Su hijo necesita su educación positiva mucho más que nunca. Hable con su profesor o psicólogo.

➢ Cómo actuar

Ya hemos dicho que no conviene reñir ni interrogar al niño y menos si ya sabemos la verdad; lo único que conseguiremos será crear miedo y más mentiras.

Marque unos límites claros y recuerde a su hijo la responsabilidad por sus actos. Ha de devolver lo que cogió. Apóyelo para que se sepa controlar mediante el ofrecimiento de alternativas limitadas: «Álex, hay que devolver el tren, ¿prefieres devolverlo solo o que yo te acompañe?». Cuando devuelva el objeto, no lo humille. Déle la oportunidad de hablar, pero si no quiere, hable usted: «Mire, mi hijo ha cogido esto y queremos devolverlo. Lo sentimos, no volverá a pasar». El que usted se haga cargo del problema puede hacerle sentir más seguro y capaz.

Procure adivinar el motivo de sus hurtos. Preste atención a los sentimientos de su hijo y ayúdelo a entender la diferencia entre sinceridad y deshonestidad. Consiga que entienda por qué se apropia de objetos que no le pertenecen.

Propóngale hacer una lista de deseos, comentando la diferencia que hay entre lo que deseamos y lo que necesitamos. Esté pendiente de él, déle ánimos, abrácelo con frecuencia y muéstrele su cariño aunque no haga nada especial por merecerlo. Observe los momentos en los que se reprime de coger algo y felicítelo.

➢ Consejos útiles

✓ Reflexionar: ¿qué está pasando?
✓ Pensar: atienda las posibles causas del comportamiento de su hijo. A la hora de

ir a dormir, pregúntele qué es lo que más le ha gustado y lo que menos de ese día. Comparta con él sus propias experiencias e identifique sus sentimientos.

✔ Confiar: aunque se dé el caso de que su hijo vuelva a robar, no pierda la esperanza y piense que mañana será diferente. Su hijo necesita otra oportunidad. En una educación positiva los errores son herramientas de aprendizaje.

✔ Atender: dedíquele un poco de tiempo especial para divertirse con su hijo. Jueguen juntos a la pelota, al escondite o al parchís.

✔ Lean juntos libros y cuentos para su edad.

«¡Mi hijo muerde a sus compañeros!»

[Agresividad]

➤ Qué ocurre exactamente

Cuando un niño se encuentra ante una situación personal difícil puede ocurrir que a éste le dé por morder como una forma de expresarse. Morder suele ser una manera de expresar la frustración: como el niño no sabe expresarse bien, muerde. Quizá lo hace para llamar la atención o como necesidad de control. El caso es que constituye una reacción frecuente en la primera infancia, pero no es socialmente aceptable. Este tema resulta un poco difícil de tratar. A nadie le gustan los niños que muerden y todos los padres desean que sus hijos sean aceptados por los demás. Lo que debe hacer es actuar de inmediato, con amabilidad, pero con firmeza. Aunque esto no se consigue a la primera, al final es de esperar que su hijo abandone esta conducta. Recuérdele su amor incondicional: «Te quiero muchísimo, aunque a veces me siento muy mal por lo que haces».

➤ Cómo actuar

Aunque algún amigo le haya aconsejado que devolviendo el mordisco al niño le dará una lección, nunca se le ocurra morder a su hijo como respuesta a su agresión. En ningún caso existiría justificación para este hecho.

Sepamos que el morder es una reacción muy primaria de expresar contrariedad, agresividad, etc., y generalmente se da en una edad prelingüística. Pero hemos de limitar a nuestro hijo con firmeza y seguridad para que ello no ocurra: «¡No! ¡No se muerde! ¡Besitos, sí!». Procuremos dejar bien claro al niño que no se le permite ni aprueba este acto. Ayudémoslo a identificar sus sentimientos y a jugar para que pueda ir expresándolos de otra manera más evolucionada.

➤ Consejos útiles

✔ Dedique un tiempo a enseñar con autoridad a su hijo. En la próxima visita al pediatra pídale que éste los asesore, a usted y a su hijo, sobre el hecho de morder.
✔ Procure que el juego sea algo simple y fácil. Quizá su hijo esté mejor con pocos niños o bien hayan unos que tengan un carácter especial con quienes se entienda mejor jugando.
✔ Las sesiones de juego no deben alargarse mucho y a la menor sospecha de que su hijo se fatiga o se inquieta hagan un cambio. Márchense a pasear, por ejemplo. Comente con él lo bien que se ha portado, si ha jugado, si ha disfrutado, etc.

«Mi hijo se muerde las uñas a todas horas»
[Morderse las uñas]

➤ Qué ocurre exactamente

Morderse las uñas es un hábito bastante frecuente entre los niños, y suele ser una forma más evolucionada de la tendencia de chuparse el dedo o de tener objetos en la boca. Morderse las uñas es una forma de reducir tensión y posiblemente su hijo ni tan siquiera se dé cuenta de ello. Es expresión de la inquietud. Por ello, para empezar, trate de identificar que le está pasando y busquen vías de expresión y de canalización más adaptadas. Como muestra de su confianza en él no lo censure con severidad. Coméntele sólo una vez lo que hace, muéstrese disponible, pásele la responsabilidad a él y luego intente ignorar el hábito, pero no a su hijo. La confianza en su habilidad para cambiar son muy importantes. Tenga mucha paciencia, ya que puede requerir cierto tiempo.

➤ Cómo actuar

Haga que su hijo tome conciencia del hecho de morderse las uñas mostrándose muy comprensivo y disponible: «Sebastián, me he dado cuenta de que tienes las uñas rojas de tanto morderlas y parecen doloridas. Cuando yo era pequeño y me ponía nervioso, yo también me mordía las uñas. Al final dejé de hacerlo porque me dolía y me salía sangre. Yo sé que tú también puedes dejar de hacerlo y lo conseguirás cuando te sientas preparado. Dime si puedo ayudarte en algo». A partir de aquí procure ignorar sus uñas mordidas, a no ser que su hijo le pida ayuda.

Cuando el niño esté dispuesto, ayúdelo a buscar una solución: «Cariño, me has pedido ayuda para dejar de morderte las uñas. Vamos a pensar algunas ideas que pueden ir bien y luego elegimos la que más te guste. Por ejemplo: mamá te tocará con cariño el hombro cuando vea que te estás mordiendo las uñas, o pintaremos las uñas con algún líquido de mal sabor, o usarás guantes, o...».

Después puede regalar a su hijo un estuche para el cuidado de las uñas y enséñele cómo debe tratarlas. Existen estuches tanto para niñas como para niños. También pueden acudir un día a un centro especializado para que le realicen una manicura profesional.

Elaboren una tabla en la cual su hijo irá anotando puntos cada día que no se muerda las uñas. No le ofrezca juguetes ni caramelos, aunque sí comente sus esfuerzos y premie su éxito dejándole hacer algo que le hace gracia con usted.

➤ Consejos útiles

✓ Propóngale alguna actividad no competitiva, por ejemplo, la gimnasia o el yoga, que suelen ser perfectos porque mejoran la concentración, la relajación y la confianza en sí mismo. También puede enseñarle a relajarse con música, con masajes o mediante la lectura.

✓ El baloncesto es un deporte de equipo competitivo que también puede ser muy adecuado. Lo competitivo, bien dirigido, también los fortalece, los estimula, les enriquece su socialización y les da conciencia de pertenecer a un grupo.

✓ Pregúntese por qué su hijo se muerde las uñas. Averigüe qué tipo de ansiedad o estrés le producen esta costumbre. Hable de esto con él y pregúntele qué puede causarle ese estado.

✓ Si a su hijo le gusta la música pueden plantearse la posibilidad de que reciba clases. Sus manos estarían ocupadas en algún instrumento y además tendría la posibilidad de relajarse y sentirse bien con sus propios logros.

✓ Las diferentes actividades manuales pueden ayudar de la misma manera que tocar algún instrumento.

«Mi hijo es capaz de coger un berrinche por cualquier cosa»

[Berrinches]

➤ Qué ocurre exactamente

Puede suceder en cualquier momento que su maravilloso hijo se convierta súbitamente en un monstruo rabioso. No se sorprenda ni se asuste, los berrinches son perfectamente normales en los seres humanos de todas las edades. Y es que todos tenemos berrinches, y prácticamente nunca llegamos a superarlos por completo. Lo que ocurre es que cuando somos adultos nos volvemos más sutiles a la hora de expresar nuestro desagrado. Los niños pequeños son más directos y desafiantes, simplemente dejan que salga al exterior todo lo que llevan dentro, y en la primera infancia son una muestra saludable de la fortaleza de su persona, que expresa lo que le desagrada, lo que molesta o lo que necesita.

Su función como progenitor de un niño en estas circunstancias es enseñarle a controlar su cólera.

➤ Cómo actuar

En primer lugar reconozca y evite en lo posible lo que indigna a su hijo. Los niños suelen ponerse furiosos cuando están cansados, tienen hambre o se les mete prisa. Si puede predecir estas situaciones problemáticas u otras, seguramente podrá evitarlas.

Si interviene pronto posiblemente pueda parar el berrinche antes que si deja al niño que se descontrole. En el caso de los niños pequeños, intentar distraerlos a menudo funciona: enseñarles un juguete o un juego puede darle un momento de respiro.

Los niños pequeños también son más propensos a responder bien cuando los padres les piden que hagan una cosa en comparación con cuando les dicen que dejen de hacer otra. Así, si su hijo está gritando, pídale que venga a su lado en vez de decirle que deje de gritar. Hay más posibilidades de que obedezca.

Un niño de dos o más años posiblemente no sea capaz de expresar en palabras, ni incluso de comprender, su sentimiento de cólera. Para ayudarle a controlar, en parte, sus emociones, póngales un nombre. Sin emitir ningún juicio acerca de sus emociones, intente comunicar al niño cuáles son sus sentimientos: «Parece que estás enfadado porque no te doy el caramelo». Después deje claro que, a pesar de sus sentimientos, existen límites a su conducta: «Aunque estés enfadado, no debes gritar ni llorar en la tienda». Esto ayuda al niño a entender que existen ciertas situaciones en las que no se permite esa conducta.

Explíquele con antelación y de forma muy sencilla cuáles pueden ser las consecuencias de su mala conducta: «Estefanía, estás perdiendo el control y no te lo vamos a consentir. Si continuas así, te vas a tu habitación».

Si su hijo es preescolar, lo mejor que puede hacer es sentarlo en una silla, lejos de todo entretenimiento y objeto peligroso, entre dos y cinco minutos. No debe hablar al niño durante ese tiempo. Cuando vea que se ha tranquilizado, hable con él de lo que ha pasado. Sugiérale algunas conductas alternativas y deje que todo vuelva a la normalidad poco a poco. Ha de tolerar esas muestras de enojo reconduciéndolas serenamente con su ejemplo hacia formas más adaptadas de expresión de la contrariedad.

➤ Consejos útiles

✔ Una vez avise al niño de que, por ejemplo, se sentará en una silla hasta que se tranquilice, debe usted cumplirlo porque las advertencias vacías no logran nada.

✔ Cuente hasta diez o más antes de intentar solucionar el problema, ya que no sólo el niño precisa un tiempo de reflexión. También usted necesita un descanso, sobre todo si está a punto de perder el control. Puede decir: «Daniel, ahora estoy demasiado enfadado contigo, tengo que tranquilizarme antes de que tú y yo hablemos». No se inquiete, es normal estar enfadado, pero es recomendable no perder el control. Cuando los padres gritan no están siendo un buen ejemplo para sus hijos. En caso de que en alguna ocasión pierda los nervios, cuando ya esté un poco más tranquilo pida perdón; los niños perdonan con facilidad, puede decirle sencillamente: «Perdona, cariño, estaba muy enfadado y no pude controlarme». Y hablen del tema.

✔ A menudo ocurre que el niño que está preso de un berrinche se asusta de la intensidad de sus propias emociones descontroladas. La mejor forma de controlar estos sentimientos es que usted le exprese su amor y preocupación. Comente al niño cariñosamente que pronto todo estará bien y que sus sentimientos son naturales aunque no deseables.

✔ Para ayudar al niño a que se calme podemos decirle que piense en algo tranquilo o en algo que ya sabemos que lo tranquiliza. Si no logra controlarse, debemos ayudarlo un poco más. Un niño con fuerte temperamento no va a moderarse de un día para otro, pero puede hacer pequeños cambios a diario. Por ejemplo, si su hijo tiene una media de cuatro berrinches a la semana, escoja un día que usted no tenga mucho trabajo y esfuércese con él para que tenga tres berrinches en vez de cuatro; hablen de lo que siente, de esta manera el niño logra cierta sensación de control. Llegado a este logro puede pensar: «Lo he conseguido una vez, tal vez pueda volver a hacerlo». Esto da al niño el empuje del triunfo. Valore este triunfo.

«No consigo que mi hijo ordene y limpie su habitación»

[Niños desordenados]

➤ Qué ocurre exactamente

Cuando le ha pedido a su hijo que ordene su habitación y obtiene la callada por respuesta es posible que usted se sienta molesto e irritado. Al comprobar que no le contestan, usted se enfada, pierde la paciencia y acaba riñendo o castigando con amenazas poco razonables. En definitiva, lo único que ha conseguido es castigarse usted mismo. Su hijo ha pasado en poco tiempo de querer llamar su atención a montar una verdadera batalla de poder. Usted pasa del fastidio a la rabia, y la rabia engendra más rabia, nunca es positiva para conseguir una colaboración. El orden y la limpieza de la propia habitación es un proceso continuo que conviene ir trabajando durante todos los años que sus hijos estén en casa. Como siempre, tenga paciencia, no se rinda y sepa que estos años pasan rápidamente.

Para hablar más detalladamente de este apartado haremos una distinción por edades, ya que no es lo mismo el sentido del orden y la capacidad en un niño de tres años que en uno de doce.

De 3 a 6 años

➤ Cómo actuar

Planifique un poco la rutina diaria, sobre todo si su hijo juega también en su dormitorio. Busque un momento del día para arreglar la habitación, evitando momentos en los que el niño esté cansado. Si está en casa cuando su hijo regresa del colegio pueden intentarlo entonces. Los niños pequeños prefieren ordenar cuando el desorden no es muy desmesurado.

Ordenen y limpien juntos la habitación e introduzca algún juego para hacerlo más divertido: «Nicolás, tú recoges las piezas blancas y yo las negras» o «A ver si tienes puntería y metes la ropa sucia en la cesta». Podría darse el caso de que su hijo intente convencerlo para que usted haga todo el trabajo. Ni hablar de eso, pero ayúdelo y muéstrele cómo se hace. No se vaya mientras él ordena su cuarto, es conveniente que usted esté más o menos cerca de él. Cuando haya aprendido y sepa exactamente qué debe hacer, usted podrá irse a otro sitio.

➢ Consejos útiles

Véanse los consejos útiles de 7 a 12 años.

De 7 a 12 años

➢ Cómo actuar

Convoque reuniones familiares y comente el tema. Decida qué se entiende por «cuarto limpio»: «Teresa, sabes de sobra que cuando tu cuarto está muy desordenado resulta realmente complicado poder limpiarlo tanto para mí como para ti, y todos acabamos muy enfadados. Para evitarlo, vamos a decidir qué entendemos por «limpio y ordenado». Hagan conjuntamente una lista con los puntos deseados. A continuación ofrecemos algunas indicaciones que facilitarán una habitación arreglada:

✓ Evitar comer y beber en la habitación.
✓ Colocar la ropa sucia inmediatamente tras su uso en la cesta adecuada y no desperdigada por la habitación.
✓ Las toallas se dejan bien colgadas en el cuarto de baño y no por cualquier sitio o por el suelo.
✓ La ropa se guarda en el armario, colgada o plegada en las estanterías o en sus respectivos cajones.
✓ Los juguetes, una vez ya no deseamos jugar más con ellos, se colocan en su sitio para la próxima ocasión.

No conviene, ni a usted ni al niño, que se pasen toda la semana discutiendo por el orden. Decida un día a la semana para hacer limpieza a fondo de la casa y comuníqueselo a su hijo con antelación: «Juan, hemos decidido que limpiaremos entre todos la casa los sábados; cuando acabemos, podremos salir a tomar un refresco o al parque».

➤ Consejos útiles

✓ Piense una estructura que se ajuste a las necesidades actuales de su hijo. Reorganice el cuarto según sus estadios de desarrollo. Su hijo se sentirá feliz de comprobar que está creciendo. De las cajas para los juguetes pasará a estanterías, de una mesa pequeña pasará a un escritorio para hacer los deberes. Al decorar la habitación y elegir el mobiliario tenga en cuenta dejar una zona libre y de fácil acceso para guardar la ropa y los juguetes.

✓ No sea perfeccionista y mantenga unas expectativas razonables. La perfección es imposible de alcanzar y el hecho de pretenderla no implica una mejoría. Lo más frecuente es que el niño desista. Observe lo que su hijo hace bien y elogie sus esfuerzos.

✓ Conforme su hijo vaya creciendo tendrá derecho a una mayor intimidad y a que su cuarto sea tratado con respeto. No invada esa intimidad. Los niños a partir aproximadamente de los ocho años no desean que los padres entren en su habitación o curioseen en sus notas o escritos mientras ellos están en el colegio o fuera de casa.

✓ Predique con el ejemplo y mantenga limpia y ordenada su propia habitación. Debe ser siempre un buen modelo para el comportamiento de su hijo.

«Mi hijo nunca se está quieto en el coche»
[Intranquilidad en los viajes]

➤ Qué ocurre exactamente

A veces los niños suelen elegir el pequeño habitáculo del automóvil para iniciar una pelea, llorar, lanzar cosas, o dar patadas o bofetadas. Su hijo aprovecha el tenerlos a todos allí atrapados para conseguir la atención deseada. Pero ocurre que cuando los niños se portan mal en el coche, las consecuencias pueden ser muy peligrosas. Numerosos accidentes de tráfico se producen por los berrinches o el mal comportamiento de un niño, que distrae y pone nervioso al conductor. Tanto para la seguridad de todas las personas que viajan en el automóvil, como para la seguridad de otras que viajan por la carretera, es preciso establecer conjuntamente unas normas de viaje en automóvil y respetarlas.

En casos extremos, el mejor recurso que tenemos cuando un niño se porta mal dentro del coche y no nos hacemos con la situación es detener el vehículo fuera de la carretera. Tal vez no llegue a la hora que tenía prevista y se ponga de muy mal humor, pero es necesario detenerse por el bien de todos. Como en todas las circunstancias que requieren atención o que implican una batalla de poder, lo mejor es limitarse a actuar, pero sin perder el control. Usted tiene que detener el coche, pero sin ofrecer a su hijo la gratificación de ponerse furioso y hacer tonterías. Cuando vea que su hijo se porta bien, reconózcaselo alegre y amablemente.

Las normas de viaje pueden empezar a aplicarse perfectamente cuando su hijo está en edad preescolar; así, poco a poco irá entendiendo por qué es necesario mantener un buen comportamiento, especialmente dentro del automóvil.

➢ Cómo actuar

Cree un programa de normas de viaje para cuando viajan en el coche, y sea consecuente en su aplicación:

✓ Planifique un poco el viaje y esté preparado para lo que pueda hacer falta durante el mismo. Antes de salir asegúrese de que dispone de bebidas, algo para picar, libros, pilas, manta, etc., y que todos han ido antes al lavabo.

✓ Vigile que los niños estén bien colocados en los asientos especiales para niños, con sus cinturones de seguridad bien ajustados. Nunca inicie su viaje sin haberlos revisado.

✓ Cuando vaya a iniciar la conducción es importante asegurarse de que lo hace en un ambiente seguro y tranquilo. Procure hablar sin gritar e intente mantener alejados los problemas sin llegar a involucrarse en ellos. Evite conducir cuando haya una pelea, gritos u otras manifestaciones coléricas dentro del automóvil.

✓ Si sus hijos son ya mayores y se pelean por el asiento delantero, establezca un orden rotativo en varias etapas.

✔ Antes de salir de viaje comente con sus hijos las normas de viaje. Ayúdelos a reflexionar con preguntas tipo «cómo», «qué» o «por qué»: «Carla, ¿cuáles son las normas que debemos respetar cuando viajamos en coche?», «¿Cómo crees que puedes colaborar para que el viaje sea seguro?», «¿Crees que estás preparada?», «¿Qué has hecho para estar preparada?», «¿Me puedes decir para qué sirven los cinturones de seguridad?».

✔ Cuando compruebe que su hijo se porta bien, elogie su esfuerzo. Si se da cuenta de que se avecina una pelea, pregúntele: «¿Cómo crees tú que puedes ayudarnos a viajar con seguridad? Bien, ahora dime, sin llorar, qué es lo que quieres».

✔ Procure mantener siempre el control y permanecer más o menos tranquilo. Ponga cara impasible y aparezca poco impresionado por el incipiente mal comportamiento dentro del coche. Si no puede ignorarlo, salga del vehículo y comente a sus hijos que los policías vienen a hablar con los niños cuando no se portan bien, una madre incluso los llamó de verdad. Este sistema es muy efectivo, hasta un niño de dos años quedará impresionado.

✔ Cuando un niño pone a prueba a sus padres, ocurre a veces que las consecuencias pueden ser muy útiles. Empiece explicando a su hijo qué es lo que usted va a hacer y no lo diga enfadado, sino manteniéndose calmado: «Gerardo, si no podemos viajar con seguridad voy a pararme fuera de la carretera, y si perdemos mucho tiempo, no tendremos luego un rato para jugar». Incluso un niño de tres años aprende pronto a comprender una consecuencia razonable y con ello se hace más responsable de sus actos.

➤ Consejos útiles

✔ Comente a su hijo claramente qué se espera de él cuando entra en el coche.

✔ Reconozca abiertamente cuándo su hijo se porta bien y elogie detalles concretos de su comportamiento.

✔ Mantenga siempre unas expectativas razonables. No pretenda demasiado de un niño cansado, hambriento o que se encuentra mal.

✔ Planifique cosas divertidas para hacer dentro del coche. Capte la atención del niño antes de que se aburra, con un cuento o una canción. Tenga a mano cintas de música infantiles o de cuentos narrados. También funciona una caja de sorpresas con algún juguete o muñecos. Incluso algo para picar puede servir de ayuda.

✔ Atrévase a pasárselo bien en esos momentos con su hijo y hable con él o cante alguna canción divertida. Aproveche esos momentos de conexión para estimular su pensamiento y mostrar que realmente disfruta estando con él.

«Mi hijo siempre parece enfadado»

[Mal humor]

➢ Qué ocurre exactamente

Todos los niños están de mal humor de vez en cuando, pero es verdad que existen ciertas situaciones que pueden predisponerlos con más facilidad. La gran mayoría de niños pasa por períodos de mal humor a ciertas edades. Sin duda el mal humor es algo poco deseable y difícil de soportar. Cuesta mucho hacer cambiar el humor de un niño y de nada sirve comentarle: «Venga no frunzas el ceño y alegra esa cara», porque lo único que hacemos es conceder más atención a un comportamiento indeseado. Nos encontramos ante un tema educativo que nos va a requerir una gran dosis de paciencia, energía y una actitud positiva.

Vale la pena que nos preguntemos: «¿Qué le pasa a mi hijo que no es feliz? ¿Por qué no disfruta? ¿Por qué a menudo se siente mal y me lo hace saber así?».

➢ Cómo actuar

Ante todo, no pierda su sentido del humor ni permita que el humor de su hijo influya en usted. Si su hijo es pequeño intente sorprenderlo con una canción divertida, con un cuento o una historia. Los niños de corta edad suelen comportarse de una forma bastante predecible. Si sabe que su hijo estará de mal humor después de levantarse de la siesta, organice alguna actividad ligera y dedique ese tiempo a mostrarle su cariño y a estar con él.

Si su hijo suele tener un carácter irritable y es obstinado, déjelo un poco a su aire y no le insista demasiado. Rompa el círculo con buen humor, de forma que pueda entrar en una relación más distendida. Piense que, a veces, la falta de sueño, el cansancio o el hambre son motivos suficientes para estar de mal humor. Descarte estas posibilidades.

Cuando tengan un momento en el que su hijo se encuentre un poco más sosegado, pregúntele por sus sentimientos y de por qué cree que se siente de esa forma. Ayúdelo a llegar al fondo de sus sentimientos y a comprender sus necesidades para que se dé cuenta de sus actos y sea responsable de ellos. Por ejemplo: «Sofía, pareces de mal humor. Estás cansada por esa salida. Ve a descansar un poco. Pero si quieres seguir yendo a celebraciones que acaban tan tarde debes saber comportarte al día siguiente. Por esta vez no lo tendremos en cuenta, y veremos qué ocurre la próxima ocasión. Si se repite, será mejor que no te quedes a dormir fuera de casa hasta que sepas controlar un poco más tu mal humor del día después».

➤ Consejos útiles

✓ Anote en una libreta el comportamiento de su hijo durante dos semanas y fíjese en qué momentos empieza a malhumorarse. Planifique junto a él algunas formas de salir con éxito de estas situaciones. Unos niños están muy irritables al despertarse de la siesta en la fase de la transición, cuando ya no necesitan hacerla. Otros niños están más alterados cuando están acompañados de un numeroso grupo o, sencillamente, se encuentran solos y aburridos. El mal humor también puede presentarse poco antes de que aparezcan síntomas evidentes de alguna enfermedad o cuando el niño se esfuerza por aprender algo nuevo. Paciencia y buena cara, porque aunque a veces puede resultar muy difícil de soportar, este tipo de mal humor es constructivo.

✓ Si ve que le influye negativamente el mal humor de su hijo en un momento determinado, intente dar un paseo, hacer algún ejercicio físico y separarse momentáneamente de su hijo.

✓ En esos buenos momentos en los que se sientan a gusto, lean juntos libros infantiles que traten del tema de los sentimientos.

«A mi hijo le gusta dominar a los demás»
[Autoritarismo]

➤ Qué ocurre exactamente

Cuando su hijo de tres años se pone las manos en la cintura, golpea con el pie en el suelo y da ordenes como un pequeño dictador en miniatura, es posible que toda la familia se ría e incluso fomente este comportamiento autoritario y cómico. Pero, desafortunadamente, cuando el niño crezca, la familia y todos los demás dejarán de disfrutar con esta forma de ser y de actuar e incluso llegarán a evitar su compañía. Buscando atención y de una forma inconsciente, el niño puede pensar que cuando actúa así alguien está pendiente de él, y este comportamiento puede aumentar en escalada, llegando a convertirse en una autentica tortura, en la falsa creencia de que «si los controlo, los tengo a mi lado», o «si los domino, me siento más seguro».

Los niños acostumbran a ser «mandones» en su primera infancia. Tal vez forma parte de su personalidad, de su forma de ser, con deseos intensos y apremiantes. Maneje esta tendencia como cualquier otro tipo de comportamiento encaminado a llamar la atención e ignórelo siempre que le sea posible y, por el contrario, conceda más atención a los momentos en que su hijo desea compartir las cosas con los demás y se lleva bien con ellos. Motívelo a comunicarse correctamente y a controlar sus emociones. Conforme lo consiga, el niño dominante se transformará en una persona fuerte y segura. Como siempre, tenga confianza, su hijo está creciendo y aprendiendo a reflexionar. Déle su tiempo y al final lo conseguirá.

➤ Cómo actuar

Si su hijo, cada vez que se dirige a usted o a otros adultos, lo hace en un tono autoritario y mandón, procure no reírse ni burlarse ni fomentar ese comportamiento. Tampoco debe avergonzarlo con regañinas y sermones. Tranquila y serenamente, coméntele: «Andrés, esta voz es de niño mandón. ¿Puedes decir lo mismo con un tono más agradable, por favor?». Y no ceda ante lo que quiera hasta que lo pida bien.

➤ Consejos útiles

✔ No utilice ni permita etiquetas descalificativas. Piense en adjetivos positivos. Es curioso, pero cuando comience a pensar en su hijo de una forma positiva y sepa darse cuenta de cuándo se porta bien, el niño comenzará a sentirse también positivo y actuará en consecuencia.

✔ Escúchelo, atienda a sus sentimientos y en lugar de ser autoritario con él, utilice el método de las preguntas: «¿Qué has pensado que debes hacer para conseguir el juguete que quieres?», «¿Qué necesitarás antes de ir al parque?»...

✔ Permítale colaborar con usted en las tareas del hogar para que se sienta importante y participativo.

✔ Aumente poco a poco sus responsabilidades para fomentar su independencia y añada nuevas tareas para demostrarle sus capacidades.

✔ Practique con él juegos no competitivos. Insista en el placer de jugar, no en el de ganar.

De 7 a 12 años

➤ Qué ocurre exactamente

Cuando los niños son mandones en la edad escolar suelen tener toda una serie de amigos que, poco a poco, los van abandonando porque nadie quiere jugar con ellos más de una vez. Puede ser que su hijo intente mandar a sus compañeros porque piensa, equivocadamente, que ésta es la forma de sentirse necesitado y capaz, o quizá tenga un carácter serio y no tolere bien a otros niños que no lo sean. Los hijos únicos y los hermanos mayores no dejan de mandar a los demás hasta que llegan al colegio. Por otra parte, quizá usted sea un progenitor autoritario, por lo que su hijo fácilmente puede imitarlo y dedicarse a mandar a los demás. Si presencia cómo su hijo manda sobre otro quizá se sienta molesto por su forma de actuar. Conténgase, deje solo a su hijo y hable con él después. Tampoco lo consuele cuando sus amigos le den la espalda. Sienta una gran empatía y analice cuál es la visión que tiene su hijo de la realidad. Para estar en grupo, jugar en equipo y saber dirigir bien es preciso saber defender de forma positiva las propias ideas y llegar a sentirse bien cuando se colabora con los demás.

➢ Cómo actuar

Cuando vea que su hijo manda a sus amigos, no lo avergüence en público con sus comentarios. Espere a tener un momento con él a solas y coméntele lo que ha observado. Esté siempre dispuesto a hablar acerca de los sentimientos. Es posible que su hijo quiera hablar sobre el motivo de haber sido tan mandón, tal vez se debió a la rabia o a la frustración. Eso los conducirá a la resolución del problema.

Cuando su hijo mande en casa, identifique lo que está haciendo y dedíquele tiempo para enseñar. Con sinceridad y amabilidad puede decirle: «Julia, ésta es una forma muy mandona de tratar a Marta. Da la impresión de que quieres ser su jefe». Entonces identifique sus sentimientos: «¿Cómo te sentirías tú si alguien te hablara de esta forma? Piensa en cómo puedes decir lo mismo de una forma más amable y agradable».

➢ Consejos útiles

✔ Hable con su hijo tranquila y agradablemente. Es fácil que usted llegue a ganarse su confianza y su hijo comience a comunicarle sus sentimientos. No le de un sermón acerca de la forma de hacer amigos.

✔ Busque algún libro sobre la amistad y léanlo juntos.

✔ Observe la relación que su hijo mantiene con los demás. Puede darse el caso de que un hermano mayor lo mande a él o que él domine a un hermano menor. Reúnanse todos y traten el tema del trato conjunto, de cómo deseamos que sea y cómo nos gustaría que nos tratasen a nosotros.

✔ Los deportes de equipo, como el fútbol o el baloncesto, ofrecen oportunidades muy buenas para aumentar la confianza en uno mismo. En general, los entrenadores que trabajan con niños saben estimular más la propia diversión y el aprendizaje que el hecho de ganar o perder, o el de buscar la rivalidad.

«Mi hijo constantemente dice mentiras a todo el mundo»

[Mentiras y engaños]

Las mentiras pueden tener más e menos importancia según la edad del autor que las inventa.

De 3 a 6 años

➤ Qué ocurre exactamente

Cuando su hijo miente es posible que usted reaccione de forma exagerada a este comportamiento infantil tan usual, convencido de que debe controlar ahora la situación, antes de que se le escape de las manos. Tranquilo y no se precipite. Los niños pequeños mienten de vez en cuando. Lo que su hijo entiende por mentira no tiene nada que ver con lo que representa para el adulto. La mentira que usted ve puede ser una fantasía, una forma de llamar la atención o, cuando existe miedo, una forma de escapar de los problemas. Pero por ello su hijo no es mentiroso ni implica que deba serlo en el futuro. Relájese y mantenga alto su sentido del humor.

➤ Cómo actuar

A todos los niños, especialmente los pequeños, les gusta fantasear, a veces lo hacen para llamar la atención. Pero no por ello trate a su hijo como a un mentiroso ni califique de mentira lo que dice. Casi todas las fantasías pueden ser tratadas con alegría, buen humor y una gran dosis de imaginación. Después de escuchar a su hijo, sonría y dígale, por ejemplo: «Berta, esta historia parece increíble. Como me gustaría que todo eso hubiese sucedido de verdad».

Cuando exista un problema, en lugar de concentrarse en las culpas es más productivo buscar una solución. Si hay más de un niño involucrado en la situación no conviene preguntar por quiénes lo han hecho, sino interrogar a todos cómo se resolverá la situación. Evite también preguntar a su hijo quién ha sido, si además ya sabe la respuesta. Este tipo de preguntas crea amenazas, miedo y empuja a mentir.

➢ Consejos útiles

✓ Busque cuentos infantiles en los que la «verdad» sea el centro de la historia, como puede ser el caso del célebre *Pinocho*.

✓ Cuando su hijo diga la verdad, elógielo y celébrelo.

✓ Decirle «te quiero» es una frase estimulante de oír cuando no se hace nada especial para merecerla. Su hijo debe saber que no precisa contar mentiras para ganarse su afecto o atención.

De 7 a 12 años

➢ Qué ocurre exactamente

Si descubre que su hijo le miente habitualmente, la sorpresa inicial puede transformarse rápidamente en enfado y dolor. Pero sepa que las mentiras son sólo un síntoma de una creencia errónea y siempre indican un signo de desánimo, ya se digan para evitar un castigo, para protegerse a uno mismo o a otro, o para conseguir algo. No se angustie excesivamente por este comportamiento ni se lo tome demasiado en serio. Si riñe a su hijo le creará un sentimiento de vergüenza y de culpa. Si su hijo miente con frecuencia es preciso que usted analice su tipo de disciplina o ambiente hogareño. Un ambiente crítico o con peleas y castigos crea un miedo que puede ser la causa de que su hijo no diga la verdad.

Tampoco caiga en el extremo contrario, ignorando el tema como si nada hubiese sucedido. Su hijo necesita aprender unos límites y conocer la diferencia entre lo bueno y lo malo. Sin duda, este comportamiento es inaceptable pero, recuerde, su hijo necesita saber que cuenta siempre con su amor incondicional.

➢ Cómo actuar

Procure ser directo sobre la mentira, sobre todo si ya sabe la verdad. Si acusa a su hijo, lo obligará a que siga mintiendo. Háblele sobre el hecho o la circunstancia en lugar de acusarlo. No se centre en la mentira, pero no oculte a su hijo que conoce la verdad. Ayúdelo a encontrar una solución, una salida, y a que pueda aprender del error cometido. Si usted está fuera de sí, salga un momento para tranquilizarse y volver a la calma. Es conveniente que su hijo sienta su preocupación y cariño, no su miedo ni su rabia.

Evite castigarlo por decir la verdad. Si su hijo dice la verdad, sobre todo cuando ello puede conllevar un riesgo, felicítelo: «Susana, me siento muy contento de que hayas dicho la verdad sobre el cristal roto. Sin duda, eres muy valiente. Todos, sin excepción, hacemos cosas mal a lo largo de nuestra vida». Su ánimo lo ayudará a hacer frente a las consecuencias de su acción, como puede ser ayudar a pagar una lámpara rota.

➤ Consejos útiles

- ✔ Predique con el ejemplo y actúe siempre con sinceridad y honestidad. Su hijo copiará su comportamiento y hará lo mismo.
- ✔ Aprenda a escuchar con calma y ofrezca al niño un tiempo especial. Mentir suele ser una forma de sentirse importante o recibir atención. Escuche sus sentimientos, quizá tengan mucho que decir.
- ✔ No intente ser perfeccionista, los errores son algo bueno porque aprendemos de ellos.

«¿Es normal que mi hijo pregunte cosas sobre sexo?»

[Sexualidad]

➤ Qué ocurre exactamente

Quizá se encuentre ante la situación de que su hijo pequeño le pregunte con la misma curiosidad e inocencia las siguientes cuestiones: «¿Por qué son tan altos los árboles?», «¿Por qué por la noche no está el sol?» o «¿Por qué las niñas tienen vagina y los niños tienen pene?». Lo cierto es que las preguntas sobre sexualidad pueden incomodar a los padres sin saber qué responder ni de qué manera. No se preocupe, lo importante es que sea sincero y si le cuesta explicar el tema, hágaselo saber a su hijo. Tómese su tiempo para preparase las respuestas. Diga: «Necesito un poco de tiempo para pensar sobre ello y poder darte una buena respuesta».

Los niños nacen con una sexualidad y a veces nos olvidamos que, mientras aprenden a caminar y a hablar, aprenden también sobre sus experiencias sexuales. Actualmente se sabe que para conseguir una autoestima saludable es necesario que los niños vivan y tengan sus «experiencias sexuales», porque no hay que olvidar nunca que los niños tienen su propia sexualidad. Han de estar a gusto siendo un niño o una niña, teniendo una buena imagen de su cuerpo, sabiendo que los sentimientos sexuales son normales y no sintiéndose culpables por ser curiosos y formular preguntas.

No limite el campo de la educación sexual tan sólo al acto de hacer el amor. Su hijo va a necesitar en todas sus etapas una información precisa con términos anatómicos exactos. Sea un progenitor cariñoso y accesible para que su hijo pueda ir haciéndole preguntas sobre sus nuevas dudas. Procure no perder su sentido del humor. Su hijo verá mucho sexo en la televisión y otros medios y se hallará expuesto a informaciones de valor discutible. Su responsabilidad reside en ofrecerle con cariño una información adecuada que le proporcione unos esquemas saludables en los próximos años de desarrollo.

➤ Cómo actuar

Cuando su hijo le plantee una pregunta compleja sobre este tema, escuche atentamente la pregunta y no se sienta obligado a responder inmediatamente y de una forma larga y profusa. Por ejemplo, si su pregunta es: «¿De dónde vengo? ¿Quién me ha traído hasta aquí?», intente, antes que nada, aclarar lo que su hijo está preguntando realmente. Responda con la máxima naturalidad y sinceridad, acercándose a su pregunta abiertamente, pero, al mismo tiempo, dando la información adecuada y pertinente a la edad, capacidad y personalidad del niño. No es lo mismo dar una explicación a un niño de tres años que a uno de doce.

Consulte libros que lo ayuden a buscar respuestas a preguntas difíciles si realmente le hace falta y no dispone de la información necesaria. Pero no pretenda esquivar la pregunta, ni al responderla interponga un libro entre su hijo y usted; lo mejor, a la hora de tratar estos temas, es que haya un buen contacto visual entre ambos.

Si resulta que se encuentra en público con otras personas y su hijo le plantea una pregunta inoportuna, no se ponga nervioso, responda de una forma muy escueta y con cara impasible. Intente reprimir su desconcierto y no dé la mayor importancia a la cuestión. Si parece ser que su hijo intenta ponerlo en apuros, sonría con complicidad y conteste de forma breve y seria: «Toni, algunas preguntas es mejor que las contestemos en casa, en privado, con mamá o papá. No creo que a nadie le interese oírnos hablar de tus partes íntimas en la tienda. Cuando me vuelvas a preguntar algo así en público, me limitaré a decirte: "más tarde, Toni"».

Puede encontrarse a su hija sentada desnuda delante de un espejo, mirándose. Muéstrele el clítoris, la vagina y el ano con el máximo de naturalidad, como le mostraría otras partes del cuerpo. Aunque la uretra no es visible, sí conviene utilizar el nombre correcto para este orificio de salida de la orina. Pregunte a su hijo cuáles son sus ideas sobre el tema y hablen de ellas sin miedo. Las explicaciones largas suelen detener el proceso de reflexión, mientras que las preguntas lo estimulan: «Marta, ¿para qué crees que sirvió lo que es ahora tu ombligo?».

Si observa que su hijo adolescente no plantea preguntas ni muestra curiosidad, tal vez esté buscando la información fuera. Sus compañeros no pueden ofrecerle una información concreta y precisa. Necesita de usted una buena información y educación de valores. Busque un buen libro sobre sexualidad y utilícelo para tratar este tema: «Hoy he encontrado un libro estupendo sobre sexualidad. Me gustaría que lo leyeses y después hablamos sobre los puntos que más te han llamado la atención».

Si su hijo se niega, entréguele el libro para que lo consulte él solo. «Mira, te dejo el libro aquí para que lo mires. Si tienes alguna pregunta me gustaría hablar de ello contigo. Recuerda que te quiero y deseo mucho que tengas información precisa».

➤ Consejos útiles

✔ Apúntense las preguntas porque deberá preparárselas año tras año. Lo que un niño de tres años puede entender es muy diferente de lo que precisa saber otro de siete.

✔ Las caricias y los abrazos deben ser frecuentes y respetuosos. Cuando se vea obligado a tocar una parte privada de su hijo, por ejemplo, para lavar bien un pene irritado o poner pomada en la zona vaginal, deje que su hijo intervenga todo lo posible, explíquele lo que está haciendo y hágalo con el máximo de naturalidad.

✔ No se deje convencer por las ideas de los demás. Puede ocurrir que su vecino o familia no vean con buenos ojos su planteamiento directo, pero su responsabilidad es informar de manera adecuada a su hijo.

✔ Saque a menudo el álbum familiar y observen conjuntamente los cambios físicos de su hijo al ir creciendo, su aspecto diferente. Pregúntele cuáles son las diferencias que observa. ¿Los cambios son solo físicos o también lo es el comportamiento?

✔ Busque y lean junto libros educativos que hagan referencia con humor y optimismo a este tema.

«He sorprendido a mi hijo masturbándose»
[Masturbación]

> ➤ Qué ocurre exactamente

En la primera infancia, hasta los cuatro años, puede darse un tipo de masturbación sensorial, ligada a todo el cuerpo a partir de cualquier caricia o contacto con la piel. Esto es absolutamente normal. A partir de esta edad podemos hablar de una masturbación más directa y clara como la genital. Si su hijo se masturba claramente delante de usted o delante de otras personas, debe acudir al psicólogo o pediatra inmediatamente, porque por naturaleza la masturbación es una actividad íntima y se realiza dentro de ésta. Pero, como siempre, ante todo, mantenga la calma y sepa que la masturbación es algo normal, aunque muy íntimo, y una actividad agradable y temprana que los niños suelen aprender por casualidad. Es una primera experiencia en el aprendizaje sobre su sexualidad.

Este tema suele resultar incómodo a la mayoría de los padres porque, posiblemente, todos necesitemos aprender a tratar las cuestiones sobre sexualidad. Si rehúye el tema o bien regaña o castiga a su hijo, lo estará obsequiando con un mensaje de vergüenza y culpabilidad. Por ello es importante que su hijo comprenda que no se trata de nada malo, sino de algo muy normal. La masturbación se convierte en un problema cuando se practica obsesivamente o se tiene la necesidad de hacerlo en público. Ante la duda, consulte con su psicólogo.

> ➤ Cómo actuar

Muchas veces es fácil distraer la atención del niño sin necesidad de preguntarle qué hace. Sepa que la masturbación puede aparecer a veces con el aburrimiento. Tranquilamente sugiérale participar en alguna actividad que sepa que le gusta y acompáñelo.

Si su hijo es ya algo mayor, manténgase tranquilo y abierto, piense que probablemente no le da el sentido adulto, sino que se trata del descubrimiento del propio cuerpo. Con amabilidad, mire a su hijo con expresión de enterado y limítese a decir su nombre. Antes de hablar con su hijo plantéese cuál es su actitud ante el tema.

Lo conveniente es tratar todos los temas relacionados con la sexualidad con la terminología adecuada, con amabilidad, cordialidad y de una forma neutra. Deténgase y fíjese en su propio lenguaje corporal, su expresión facial y el tono de su voz. Si usted tiene problemas a la hora de tratar este tema, diga simplemente: «No me siento cómodo hablando de masturbación. Cuando era pequeño, mi mamá no me hablaba de estas cosas». Si usted no se da cuenta de sus propios sentimientos, puede que su hijo note su incomodidad y se sienta mal consigo mismo, o que le dé por masturbarse simplemente por el hecho de llamar la atención.

Si el masturbarse se hace persistente o se realiza en público, establezca límites. Sea amable pero firme: «Alicia, tocar o frotarte las partes íntimas te produce una sensación agradable, pero debes hacerlo en tu cuarto». O bien: «David, entiendo que tocarte el pene te da gusto, pero deberías hacerlo en tu cuarto y no delante de otras personas, porque es algo para ti solo».

➢ Consejos útiles

✔ Infórmese en una librería infantil o en una biblioteca sobre el tipo de lecturas que pueden ir bien respecto al tema de la masturbación. Hay libros muy buenos acerca del cuerpo humano que pueden ser leídos juntos en voz alta. Estimule a su hijo para que le haga preguntas.

✔ Explíquele la diferencia que hay entre el concepto de «privado» y «público» en un momento que estén tranquilos. «Estefanía, algunas cosas se hacen en privado. A mí me gusta cerrar la puerta cuando estoy en el lavabo. A mamá le gusta cerrar la puerta de su habitación cuando se viste. Y mamá y yo cerramos la puerta del dormitorio por la noche para estar a solas. ¿En qué momento te gusta a ti estar a solas?».

✔ Si su hijo se masturba excesivamente y parece retraerse de los amigos y actividades escolares, consulte con su pediatra para determinar si conviene pedir ayuda a un profesional.

«No sé cómo evitar que mi hijo pegue a los demás»

[Agresividad]

➤ Qué ocurre exactamente

Pegar es una acción que acostumbra a enmascarar una gran frustración; algunos niños pequeños que no pueden o no saben hablar bien pegan para conseguir lo que desean. Pegar también puede ser un acto para llamar la atención o una búsqueda de control. Puede que su hijo piense: «Cuando pego soy más valorado. Papá y mamá se preocupan y están más por mí», o «Consigo que Tomás me dé lo que quiero», o bien «Él llora cuando yo le pego».

A veces muchos niños pegan cuando se sienten invadidos dentro de sus límites. Cuando los otros niños se acercan demasiado o empujan, incluso por accidente, algunos niños se ponen muy nerviosos y pegan. Este comportamiento molesta mucho a los padres, que desean que sus hijos sean aceptados y bien equilibrados; nadie quiere jugar con un niño que pega y molesta.

Cuando su hijo pegue, actúe de inmediato, con amabilidad y cara impasible. No se sienta culpable, los niños son así y algunos pegan. Como siempre y ante cualquier problema, su hijo necesita su amor incondicional: «Te quiero muchísimo, lo sabes, pero a veces me siento muy mal por lo que haces. No está bien que pegues».

Necesitará un cierto tiempo para poner fin a este comportamiento. Ha de tener paciencia. Sea consecuente con sus actos tanto en casa o en el colegio, como en público.

➤ Cómo actuar

Nunca pegue a su hijo cuando éste sacuda a alguien. No desahogue su furia en él, incluso para darle una lección. En el momento en que usted pega a su hijo, lo único que le enseña es a pegar para recibir atención cuando está furioso o se siente dolido.

Sin furia, pero impasible, coméntele: «Daniel, ya veo que estás muy enfadado y furioso. Tranquilízate un poquito en tu cuarto». Cuando el niño esté más calmado, le comenta: «Si vuelves a pegar a algún niño te irás un rato a tu habitación y no podrás seguir jugando». Enséñele otras formas de conseguir lo que quiere, por ejemplo, con palabras, negociando o bien pidiendo ayuda a un adulto. Ayúdelo también a identificar sus sentimientos, a que comprenda lo que desea y a aprender nuevas formas de conseguirlo antes de que pegue: «Sonia, ya veo que quieres el cochecito; vamos a buscar otro juguete para intentar cambiárselo a Beatriz».

Si el pegar es un problema constante en su hijo, adviértale de antemano: «Juan, vamos a casa de Andrés; ya sabes que si pegas a alguien tendremos que volver a casa», y efectivamente, si pega, cumpla lo anunciado. Discúlpese por su hijo y márchense aunque su hijo de patadas, grite y prometa no hacerlo nunca más, aunque puede darle otra oportunidad al día siguiente: «Juan, probaremos otra vez mañana».

En el momento en que su hijo juegue bien, sin pegar a nadie, comente su alegría: «Miguel, ¿te das cuenta?, hoy has jugado sin pegar. ¡Es estupendo! ¿Cómo te sientes? ¿Estás contento?».

➤ Consejos útiles

✔ Establezca unas normas en casa, sus hijos acabarán recordándolas si usted se las refresca con frecuencia antes de salir de casa. Por ejemplo:

1. Debemos hablar con corrección para explicar a los demás cómo nos sentimos. No debemos insultar ni decir palabrotas.
2. No debemos hacer daño a los demás ni física ni emotivamente.
3. No debemos dañar las cosas de los demás ni tampoco, evidentemente, las nuestras.
4. Siempre nos esforzaremos por salir de los problemas para no quedarnos atascados en ellos.

✔ Facilite el juego a su hijo. Puede ser que se sienta mejor con pocos niños o con aquellos con quienes no se pelea.
✔ Los ratos de juego es preferible que sean cortos pero felices, por ello es mejor que se vayan antes de que su hijo comience a cansarse y pegue.

✔ Hable, de vez en cuando, con él acerca de los sentimientos y lean juntos historias sobre ellos.

➤ Qué ocurre exactamente

La intensidad aumenta después de los seis años. Reflexione, su hijo puede sentirse mal y no saber por qué. Obsérvelo con atención, cómo juega con otros niños, cómo interacciona con sus hermanos o habla con su profesora o canguro. No se ponga nervioso y sea consecuente a la hora de poner límites. Una cosa es importante: no olvide estimular a su hijo. Si se le acaban los recursos y llega a un punto de frustración en el que se pregunta qué más puede hacer ahora, es el momento de buscar a un psicólogo; posiblemente tanto usted como su hijo necesiten ayuda.

➤ Cómo actuar

A veces algunos niños liberan su agresividad pegando. Cuando tenga un momento tranquilo con su hijo hable con él e identifique sus sentimientos. Ante este problema debemos plantearnos qué sucede para que se dé en nuestro hijo esta pauta de relación. Es necesario que fomentemos vías de socialización y de «desahogo» de la energía más constructivas que la propia agresividad en sí, como puede ser practicar un deporte de equipo como el baloncesto, el fútbol o el hoquei. A través de estos deportes se canalizan la agresividad y la rivalidad que se transforman, en todo caso, en competitividad. Al mismo tiempo se estimula el trabajo en equipo, la amistad y el compañerismo. El karate, en última instancia, es un deporte de lucha muy aconsejable para casos más extremos de agresividad. Desarrolla un enfrentamiento reglado y está sujeto a unas normas de respeto y honor.

En ocasiones ocurre que algunos niños se excitan aún más cuando pegan. Puede sugerirle una actividad más tranquila como oír música, pasear junto a usted, ir en bicicleta, dibujar o tomar un baño caliente.

Su hijo ya es lo suficientemente mayor para entender el principio de causa y efecto, por lo que puede comentarle una vez que ya se haya tranquilizado:

«Emilio, te has enfadado con José, ¿qué ha pasado?, ¿por qué? ¿Cómo crees qué puedes comportarte la próxima vez?». De esta manera irá aprendiendo a controlarse.

No pase por alto los momentos en que su hijo juega bien. Aprovéchelos y felicite al niño proponiéndole alguna actividad que sepa que a él le suele gustar mucho.

➢ Consejos útiles

✓ Dedicar tiempo a su hijo es casi siempre uno de los mejores remedios para casi cualquier problema que su hijo le presente. Dedique tiempo a escuchar sus problemas, tal vez esté desanimado. También él necesita tiempo para descubrir y comunicar lo que le hace golpear a los demás.

✓ Ayude a su hijo a conocer dónde están sus límites. Vaya acercándose a él mientras le pide que le indique la distancia a partir de la cual no le gusta que se le acerque la gente. Ése es su límite de estar bien con los demás. Hágale ver que cuando alguien se acerca demasiado, él siente una invasión incómoda. Algunos niños aprenden a alejarse un poco con toda la naturalidad para evitar una confrontación.

✓ Actividades como el karate o el tai-chi son estupendas para ayudar a su hijo a superar la agresividad contenida. A su vez, también son buenas para aumentar la concentración y la tolerancia. El niño necesita una actividad que le permita sentirse bien y realizar satisfactoriamente las cosas.

«¿Qué puedo hacer para que mi hijo no sienta miedo?»

[Miedo]

➤ Qué ocurre exactamente

Los miedos o la actitud temerosa y asustadiza son frecuentes en la infancia, especialmente ante los extraños, situaciones muy nuevas, la oscuridad del pasillo, el monstruo o el lobo. Estos miedos son naturales y sanos porque revelan que el niño tiene conciencia de sus propios límites, su dependencia y su necesidad de protección. Se da cuenta de que es una «personita» sola, independiente de sus padres, y que necesita hacer frente, paso a paso, a los problemas que diariamente suelen acontecer.

Los cuentos tradicionales y muchas películas infantiles recogen los grandes miedos y los trabajan, como puede ser la muerte de los padres, el abandono, la pérdida del amor de los padres, etc.

Los niños que sufren muchos miedos genéricos (niños fóbicos) suelen ser niños débiles e inseguros que necesitan, más que nadie, estabilidad, firmeza, compañía y una gran dedicación de los padres para fortalecerlos. Muchas actividades extraescolares acostumbran a ser un buen estímulo.

Por ello, mientras que algunos niños parecen enfrentarse a la vida sin miedo alguno, otros, por el contrario, deben ir superando numerosos miedos a lo largo de toda la infancia. Todos los padres desean que sus hijos tengan la suficiente confianza en sí mismos y saben que las cosas resultan más fáciles si el niño se enfrenta a la vida con valor y entusiasmo. De nuevo, tenga paciencia, su hijo temeroso irá ganando valor poco a poco.

No se ría de él, ni lo critique, ni lo catalogue de «pequeño» o «cobarde». No le grite ni lo rechace. Respire profundamente para fortalecer su paciencia y déle ánimos. Identifique su miedo y vaya preparándolo poco a poco para que cada vez sea más seguro y fuerte.

Existe un equilibrio delicado entre enseñar a su hijo lo que necesita para sentirse más seguro, y hablar de más y asustarlo en el proceso. Piense de forma positiva, hable y enséñele a creer que puede dominar sus miedos. Hágale sentir que tiene poder y en su momento llegará a sentir más confianza y seguridad en sí mismo.

➤ Cómo actuar

Antes que nada identifique el miedo, ya que el comportamiento de su hijo es sólo un síntoma de lo que siente. Coja a su hijo, establezca contacto visual y muestre su comprensión: «Pablo, tienes miedo de las cucarachas y a mamá tampoco le gustan, la verdad, pero si supieras el miedo que tienen ellas cuando nos ven te darías cuenta de lo miedosas que son y las pocas intenciones que tienen de hacerte daño».

Sepa que existe un equilibrio muy delicado entre empatía y sobreprotección. Si usted no se da cuenta y empieza a angustiarse por un comportamiento repetido de su hijo es posible que lo proteja en exceso.

Evite proteger demasiado a su hijo ni dedicar atención al miedo, diciéndole: «Sandra, sé que estás asustada. Ven que mamá te abrace». Y usted la abraza con fuerza y sin miedo mientras le dice: «Ya está, mamá está aquí». Su hijo se consolará al percibir seguridad y una imagen de fortaleza que él también puede llegar a tener. Ayúdelo a controlar cada uno de sus miedos y a pensar en ideas para situaciones difíciles.

No se olvide de hacer referencia a los esfuerzos y éxitos de su hijo. Utilice siempre frases positivas como: «Cariño, eres muy valiente. Me doy cuenta de tus esfuerzos por estar bien cuando me voy de casa. Ya verás cómo, poco a poco, dejarás de preocuparte por eso porque ya sabes que siempre regreso».

➤ Consejos útiles

✓ Consulte libros que hablen del desarrollo infantil para familiarizarse con los miedos más comunes que sienten los niños.

✓ Busque y lea junto a su hijo cuentos que traten sobre cualquier tipo de miedo.

✓ Juegue y diviértase junto a su hijo inventando historias. Permita que su hijo haga de monstruo mientras usted se esconde.

✓ Cualquier oportunidad puede ser buena para actuar en público. Puede preparar una pequeña fiesta para la familia, montar una obra de teatro para los amigos, aprender a tocar un instrumento musical y ofrecer un recital. El que su hijo actúe delante de un pequeño público es una buena forma de adquirir confianza en uno mismo y mejorar la autoestima.

✓ Amplíe las experiencias de su hijo con usted y otras familias, o bien con otros adultos que disfruten estando con los niños. Su hijo mejorará su confianza y autoestima si pasa ratos con personas que valoran sus ideas, disfrutan estando con él y tienen muchas cosas que explicar.

✓ Procure mantener una rutina bien establecida. Un niño muy cansado o estresado es más propenso a tener miedos.

✓ Inscriba a su hijo en alguna actividad física como natación, gimnasia, fútbol. O, si es posible, vayan en bicicleta o practiquen el esquí, etc. Su hijo se sentirá más fuerte y más confiado cada vez que consiga un nuevo éxito.

✓ Limite el uso de la televisión y del vídeo durante esta fase o elimínelos por completo, ya que suelen fomentar una imaginación muy tenebrosa.

«¡Mi hijo se pasa todo el día llorando!»

[Niños llorones]

➢ Qué ocurre exactamente

Cuando un niño llora mucho normalmente puede ser que esté cansado o esté incubando alguna enfermedad. Algunos niños pequeños, cuando se sienten frustrados, lloran con facilidad hasta que son lo bastante mayores como para hacer físicamente lo que desean mentalmente. Por ejemplo, pueden llorar porque desean coger alguna cosa que les llama la atención, porque no saben expresar lo que quieren, porque no se sienten comprendidos... Este comportamiento exige una paciencia muy especial por parte de los padres y es natural el querer ayudar a los hijos.

Los padres suelen ceder ante las lágrimas para apaciguar o proteger a sus hijos del dolor y el disgusto. El llanto es una forma saludable de expresar las emociones, pero, al mismo tiempo, una manera poco recomendable y manipuladora de exigir atención y protección. Saque tiempo para enseñarle a ser positivo y a presentar sus necesidades sin llorar. Enséñele qué debe decir y hacer cuando alguien lo molesta o cuando se siente triste, cansado o necesitado de algo. Todos nosotros aprendemos mucho de los momentos difíciles. Confíe en la capacidad de su hijo por superar la situación. Esté seguro de que ése es su gran deseo.

➢ Cómo actuar

Antes que nada visite a su pediatra para excluir posibles causas físicas que puedan provocarle el llanto. Una vez descartada esta posibilidad identifique los sentimientos de su hijo. Póngase a su nivel, colóquele sus manos sobre los hombros y mírense a los ojos. «Teresa, te sientes mal porque deseas ese juguete que no es tuyo». Muéstrese comprensivo: «Entiendo que lo desees y me gustaría ayudarte». Si no para de llorar: «Entenderé lo que quieres decirme cuando dejes de llorar, porque ahora no te entiendo». Cuando su hijo deje de llorar, escuche y analice sus sentimientos sin juzgarlos: «Gracias por no llorar. Parece que te sientes enfadada porque no puedes tener ese juguete...». Refuerce el poder de su hijo con palabras como éstas: «Alejandra, ¿qué necesitas de mí?».

Evite decir: «Deja de llorar»; es mejor que afirme simplemente lo que va a hacer. Sea amable, tranquila y decidida: «Alberto, tengo que cambiarte el pañal, aunque llores voy a cambiártelo».

Juegue con el factor sorpresa con su hijo pequeño. Siéntese en el suelo junto a él y haga ver que llora de una forma simpática y divertida. No se trata de asustarlo, sólo de aligerar la situación. Si el niño sigue llorando, ignore la situación y si es necesario abandone la habitación momentáneamente con cara impasible. Si se encuentran en público, siga con la cara impasible pero llévese a su hijo a una zona más tranquila hasta que el niño deje de llorar. Si en cualquier momento usted cede a su petición o deseo, su hijo aprenderá rápidamente que el llanto es un sistema estupendo para llamar la atención.

➢ Consejos útiles

✓ Después de un ataque de llanto, una vez que su hijo se haya calmado, enséñele a ser positivo. Pregúntele qué puede hacer en lugar de llorar para conseguir lo que desea.

✓ De nuevo la lectura de algún cuento que trate sobre el tema de los niños que lloran puede ser de gran utilidad.

- ✓ Preste atención a su llanto y observe el momento del día en el que tienen lugar. Reflexione si ha sucedido últimamente algo con su hijo, si le han incorporado alguna actividad nueva, si han esperado de él más de lo habitual o si ha sucedido algo nuevo en la guardería o con la canguro.
- ✓ Procure un horario regular porque a los niños les gusta saber lo que les espera. Si hay un horario irregular de comidas, cierto estrés porque no se ha respetado su siesta, etc., el niño puede sentir la imposibilidad de controlar lo que sucede y ser víctima de un ataque de llanto.
- ✓ Felicite a su hijo cuando no llora: «Miguel, hemos pasado una semana estupenda. Estoy realmente impresionado de que ya hables mucho más sobre lo qué te pasa».
- ✓ Reserve un tiempo especial para estar con su hijo. Quizá esté atravesando un período en el cual necesite estar más a solas con usted o con otras personas importantes de su entorno.

«Mi hijo es demasiado tímido para tomar cualquier iniciativa»

[Timidez]

➢ Qué ocurre exactamente

Parece ser que hace cincuenta años la timidez estaba considerada como un rasgo positivo de carácter. Como los niños estaban para ser vistos, pero no escuchados, los padres de un niño tímido estaban encantados de que les dijeran lo encantador, dulce y tímido que era su hijo. Por suerte, las cosas han cambiado y hoy en día los niños precisan saber decir o defender con firmeza sus convicciones. «Dulce» y «tímido» no suponen ya ningún valor añadido. Hoy los padres deseamos que nuestros hijos sean creativos y llenos de recursos, y que se defiendan perfectamente en cualquier situación de aprendizaje.

Usted lo pasa mal si ve que su hijo tímido parece quedar rezagado y olvidado cuando sus compañeros se reúnen para hacer algo. Su primera reacción es empujar, presionar para que su hijo salga del caparazón, pero tal estrategia no suele funcionar como deseamos. Su hijo necesita su estímulo y mucha ayuda para crear una buena confianza en sí mismo. Acepte su carácter con una actitud positiva y no le fuerce a convertirse en un niño impulsivo y extravertido. Tiempo al tiempo y con paciencia y afirmaciones positivas, su hijo se convertirá en un adulto seguro de sí mismo.

➢ Cómo actuar

Evite referirse a su hijo como tímido. Por el contrario, puede describirlo como pensativo, precavido, tranquilo, contemplativo u observador. Si alguien le comenta: «¡Qué tímida es tu hija!», puede responder: «No es tímida. Lo que pasa es que a veces permanece callada en los primeros momentos porque es precavida y observa la situación». Todos los comentarios positivos que usted diga de ella la harán prosperar y crecer con seguridad.

Haga alusiones positivas para ayudar a su hijo a comprender y aceptar su propio carácter: «Tesoro, eres una gran pensadora. Te tomas tu tiempo para considerar lo que quieres hacer». O bien, «Eres una gran observadora. Sin duda, tendrás buenos amigos porque eres precavida a la hora de elegir tus compañeros de juego. No te gustan los juegos brutos, pero no dudas en correr, trepar, saltar y revolcarte cuando te sientes segura».

Nunca obligue a su hijo a intervenir en situaciones que rechaza, déle su tiempo para observar y confiar en la situación. A la que pueda, ofrézcale oportunidades para que vaya reforzando su confianza poco a poco. Si su hijo no quiere asistir a las clases de natación, no lo presione, sugiérale que por unos días se quede observando junto a la piscina. Déle permiso para no participar en un principio y sólo observar.

Identifique sus sentimientos y muéstrese comprensiva: «Sara, tienes miedo de hablar en voz alta en clase, de preguntar lo que no entiendes. Recuerdo que yo también sentía lo mismo a tu edad. Ahora te asusta, pero sé que superarás estos miedos cuando te sientas preparada».

No caiga en la comprensible trampa de sobreproteger a su hijo. Todos aprendemos más cuando hemos de superarnos para hacer algo que en principio no creemos saber. Si ve que no hay peligro alguno, deje que su hijo acepte el reto.

➤ Consejos útiles

✔ Observe detenidamente el comportamiento de su hijo durante un par de semanas. Para no olvidarse, puede anotarlo en una libreta. Ello le dará pistas para comprender su carácter.

✔ Busque y lea junto a su hijo cuentos y libros infantiles, la mayoría hacen referencia a los sentimientos y a la autoestima.

✔ Organice actividades en casa e invite a algunos compañeros de escuela con los que más o menos se lleve bien. Si su hijo se resiste, limite las estancias a poco tiempo. Su hijo poco a poco verá que puede manejar la situación y comenzará a soltarse.

✔ Anime a su hijo a inscribirse en actividades físicas como la natación, la gimnasia, la danza, el karate, etc. porque lo ayudarán a mejorar la confianza en sí mismo.

«Mi hijo siempre está triste y alicaído»

[Tristeza]

➤ Qué ocurre exactamente

Un niño triste, alicaído, es un niño deprimido. El estado natural de un niño es la alegría y el deseo de juego; si no es así, señal de que algo ocurre y se ha de intervenir. La tristeza en un niño puede deberse a diferentes causas, como la muerte de una persona allegada o de un animal querido, la soledad porque sus padres trabajan demasiado tanto fuera de casa como dentro, la separación de los padres, el traslado de un amigo, la crueldad de alguien cercano que no lo deja en paz... No todos los niños son iguales ni desarrollan la misma sensibilidad. Algunos tienen un carácter muy sensible, que los hace más serios y analíticos, por lo que pueden mostrarse tristes con más frecuencia. Quizá su hijo llore, se niegue a cooperar, muestre un gran enfado o sea retraído desde el punto de vista emocional. Es posible que usted se sienta muy mal al no saber qué hacer, pero sepa que sí puede estimularlo a superar esta tristeza. Puede ayudar a su hijo a distinguir e identificar sus sentimientos y, con empatía y una buena conversación, ayudarle a comprenderlos y tratarlos. Con su valiosa ayuda su hijo aprenderá a aceptar su tristeza cuando ésta aparezca, aprenderá formas de superarla y no dejará que se apodere de él. Sin duda, necesitará tiempo, paciencia y un gran sentido del humor, lleno de cariño. Es un trabajo duro, pero insista, y nunca culpabilice a su hijo.

➤ Cómo actuar

No catalogue a su hijo como un niño triste y deprimido. Insistimos siempre en utilizar palabras positivas, es mejor referirse a él como un niño serio, pensativo y sensible. Su hijo creerá ciegamente lo que usted diga de él. «Emilio, pareces muy pensativo hoy, ¿en qué piensas?». Escuche su respuesta con interés y refleje lo que él diga o haga. No lo interrumpa con sus consejos, juicios o palabras sabias.

No escatime tiempo para enseñar a su hijo la mejor forma de tratar esos sentimientos negativos. Enséñele a vivir la tristeza y, más tarde, a hacer algo para sentirse mejor. Su hijo debe aprender que puede autocontrolar sus emociones. «Cristina, cuando yo me siento triste, decido el tiempo que necesito sentirme de esa forma. Me permito un ratito para estar triste, pero sólo un ratito, y luego busco algo que me alegre un poco. A veces voy a dar un largo paseo. También he oído que correr ayuda a algunas personas. También me gusta ir a comer con mi mejor amigo y, sobre todo, me encanta ir contigo al parque y jugar».

Por otro lado, un comportamiento triste puede convertirse en una forma de llamar la atención. Si usted ya empieza a cansarse de ese niño que cada día lo persigue con las mismas quejas, dígale sencillamente: «¡Vamos al médico! Necesitamos ayuda». Préstele atención positiva en otros momentos.

Utilice los muñecos, animales de peluche o disfraces que tenga a mano y juegue con su hijo. Pídale que se imagine situaciones diversas. A través del juego es posible muchas veces adivinar lo que preocupa al niño. Les encanta escuchar antiguas historias de cuando usted era pequeño y experimentaba sentimientos similares.

➤ Consejos útiles

✔ Empiece por usted y analice y comprenda sus propios sentimientos. Concédales toda la atención que merecen. Sea el modelo de control emocional que con el tiempo su hijo necesitará imitar.

✔ Durante el día y, en especial a la hora de ir a dormir, dedique todo el tiempo que pueda a su hijo. Hable con él sobre los acontecimientos de la jornada. Escúchelo con atención y sincera entrega y lean juntos libros infantiles sobre sentimientos de soledad o de tristeza.

✔ No le sepa mal mimarse usted también un poco. Establezca límites y prioridades, y dedique un poco de su tiempo al ejercicio físico y a su propia salud. Cuando las cosas van bien uno se siente feliz, y esta felicidad es necesaria para que su hijo también lo sea.

✔ La angustia, la depresión, la soledad, el sentirse fuera de lugar pueden requerir la ayuda de un especialista. Si observa alguna alteración en el sueño de su hijo, si ya no come igual o si se lamenta de no tener amigos y de no sentirse contento consigo mismo, consulte con su pediatra para saber a qué especialista acudir.

«Mi hijo tiene celos de su nuevo hermanito»

[Llegada de un nuevo hermanito]

➤ Qué ocurre exactamente

Cuando pasan unos días del nacimiento del nuevo hermanito y su hijo se da cuenta de lo que representa tener un hermano es posible que piense: «Mamá, me lo pasaba mejor antes de que viniese el hermanito. Ahora ya puedes devolverlo. No lo queremos más». Aunque no llegue a decirlo con palabras puede indicarlo con otros gestos, como apretarlo mucho cuando lo abraza, dejarle caer juguetes encima de él o pegarle. También puede regresar a comportamientos anteriores, haciéndose pipí encima, pidiendo el biberón o negándose a cooperar como hacia anteriormente. Si va a la guardería o al colegio puede envidiar el tiempo que usted pasa con el pequeño. Aunque todas estas reacciones son normales, suelen angustiar mucho a los padres, que incluso pueden llegar a sentirse culpables de haber tenido otro hijo. Pero piense que tras las acciones de su hijo está el miedo a verse relegado y a ser menos querido que el bebé. Por ello no avergüence a su hijo, ni lo riña, ni lo castigue, ni lo obligue a querer al bebé porque sólo conseguirá crear más resentimiento y acelerar un descenso de autoestima. Por el contrario, déle todos los ánimos que pueda. Su hijo necesita estar seguro de que usted le quiere tanto como antes y que siempre podrá contar con su amor y apoyo, y siempre se sentirá necesario. Ármese de una buena dosis de energía, paciencia y sentido del humor. Cultivar relaciones de cariño es un proceso que dura toda la vida. Aunque cueste, todo se soluciona, y si consigue ser consecuente y mantener una buena comunicación con su hijo, el bebé pronto será aceptado.

➤ Cómo actuar

Mantenga en lo posible la rutina establecida anteriormente con su hijo. Continúe llevándolo a sus actividades en lugar de contratar a una canguro; si es necesario, es mejor que ésta se quede con el bebé.

Advierta a su hijo que, después del nacimiento del bebé, aún lo quiere más. Ofrezca a su hijo oportunidades para sentirse necesario, aunque no conviene que le dé demasiadas responsabilidades. Enséñele cuáles son las necesidades del nuevo hermanito. Es una ocasión preciosa para enseñar a su hijo el proceso de desarrollo de un ser humano, de esta forma aprenderá y descubrirá muchas cosas sobre sí mismo. Dígale lo mucho que ayuda cuando es un buen ejemplo de comportamiento que el pequeño debe aprender. Muéstrele su confianza en determinados momentos, dejando que su hijo se quede un par de minutos con el bebé mientras usted se va a otra estancia. Hagan juntos una lista de las cosas que se le pueden hacer al bebé para ayudarle a ser más feliz, y de vez en cuando repásenla para refrescar la memoria. En esta lista pueden anotarse las siguientes propuestas:

✔ Vigilar que esté limpio y seco.
✔ Darle de comer a sus horas.

✓ Ofrecerle juguetes blandos y seguros.

✓ No acercar nada demasiado a su carita.

✓ Hablarle suavemente y cantarle.

✓ Hablar alegremente.

✓ Proporcionarle tranquilidad a la hora de ir a dormir.

✓ Darle buen ejemplo: que nos vea comer con la cuchara, beber del vaso y sentarnos a la mesa.

Si a pesar de todo su hijo se muestra celoso, es muy importante que sean comprensivos y reaccionen de forma amable y tranquila:

✓ Descubra y refleje sus sentimientos: «Rita, te sientes celosa cuando doy de comer a Eduardo porque quieres que yo te haga caso. Vamos a pensar juntas en otra solución que no sea pegar al bebé».

✓ Comparta sus ideas: «Cariño, vamos a mecer juntas al bebé hasta que se duerma y luego traes un libro para que te lo lea. Cuando dé de comer a Eduardo, tú coges a tu muñeca y le das de comer también junto a nosotros. Explícanos al bebé y a mí un cuento o cántanos esa canción tan bonita para que se duerma».

✓ Reconozca sus sentimientos y ayúdese de la expresión «te gustaría»: «Rita, te sientes celosa cuando le doy de comer a Eduardo. Te gustaría que él no estuviera aquí, ¿verdad? Te gustaría estar todo el rato conmigo, ¿no es cierto?». Espere su respuesta. Sepa que no es posible remediar los sentimientos, simplemente están ahí. Posiblemente su hijo necesite un abrazo de comprensión y cariño.

✓ Proporcione fuerza a su hijo para que actúe con más responsabilidad y cariño: «Rita, has pegado a Eduardo y le has hecho daño, sabes que eso no está bien. Dime, ¿qué quieres realmente?». Quizá su hijo necesite un momento para tranquilizarse. Después, puede ayudarle a pensar en otras formas o sistemas para conseguir lo que quiere.

Cuando descubra a su hijo haciendo cosas positivas comente con entusiasmo su ayuda y felicítelo: «Marcos, me has ayudado mucho y he podido acabar todo el trabajo. Esta tarde dejaremos al bebé con la canguro y nosotros iremos al parque de atracciones o al zoológico, donde tú prefieras». Es importante que cada día pase un tiempo especial con su hijo mayor, aunque sólo sean quince minutos.

Aproveche cualquier oportunidad para que su hijo sienta la alegría de tener un hermanito: «Luis, tu hermanito está muy contento porque le has sonreído», o «Tu hermanito ha llorado cuando te has ido al colegio. Te echa mucho de menos», o «Mira, te está cogiendo el dedito con sus manitas, ¿sabes que te está diciendo que te quiere mucho?».

Si de pronto descubre que su hijo hace un retroceso y comienza a hacerse pipí de nuevo, no le vuelva a poner pañales, dedíquele la misma atención que al bebé. Reconózcale cuando se porta bien y poco a poco su comportamiento infantil desaparecerá. Nunca compare a los hermanos ni los coloque en categorías diferentes.

➤ Consejos útiles

✔ Implique a su hijo en todo lo posible en la llegada del nuevo hermano. Pídale su consejo y ayuda a la hora de decorar su habitación.

✔ Cuando salga del hospital con su nuevo retoño, regale a su hijo mayor un nuevo muñeco bebé.

✔ Reduzca todas las actividades fuera de casa que pueda e identifique sus prioridades. Necesitará tiempo para sí mismo y un buen sentido del humor para ofrecer tiempo a la familia y atender sus responsabilidades.

✔ No sea muy exigente y mantenga unas expectativas razonables según la edad de su hijo.

✔ Quizá convenga a su hijo ir a una guardería o realizar actividades extraescolares; si es así, realice estos cambios antes de la llegada del bebé o espere unas seis semanas después de su nacimiento para que su hijo mayor no se sienta desplazado.

✔ Lean juntos cuentos o historias infantiles que traten sobre la llegada de un nuevo hermanito.

«He de luchar para llevar a mi hijo al colegio»

[Rechazo al colegio]

➢ Qué ocurre exactamente

Si su hijo no quiere ir al colegio es posible que se queje de alguna dolencia o llore. Puede producirse dolores de vientre u otra enfermedad, para luego poder quejarse sinceramente del dolor.

Este tema es uno de los más agotadores que pueden afrontar los padres. Serán necesarias una gran dedicación de tiempo, comprensión y paciencia, sin olvidar una buena comunicación con los profesores.

El motivo de este problema suele estar bien oculto, tanto, que es posible que ni tan siquiera su hijo lo conozca. Una cuestión en un principio sin importancia puede crear cierta inseguridad: un compañero de clase apenado, un sustituto del maestro habitual, los continuos enfados del profesor, el rechazo de algunos compañeros... Procure entender a su hijo y ayudarlo, pero no lo defienda a ultranza. Tampoco se trata de ganar o perder. Es evidente que los profesores tienen un trabajo muy agotador, y desde luego casi ninguno tiene por objetivo llevarse mal con los niños. Hoy, existen muchos hogares incapaces de satisfacer las necesidades emotivas de los niños, por lo que es cada vez más frecuente que éstos acudan al colegio en busca prioritaria de cariño y comprensión. Pero lo más habitual es que no pidan claramente este cariño, sino que se porten mal para llamar la atención. Muchos colegios, conocedores de esta situación, dedican casi más tiempo a problemas de comportamiento que a la enseñanza académica. Aunque la situación le parezca compleja, dedique tiempo a su hijo y no se desanime. Al final, todo ello puede convertirse en una experiencia positiva que le llevará a comprender mejor a su hijo.

➢ Cómo actuar

Hágase con un cuaderno en el que comience anotando todas las observaciones del comportamiento diario de su hijo. Pero antes que nada, hable con su pediatra para excluir cualquier problema físico que cause dolores reales de vientre, cabeza, espalda...

Cuando un niño de cualquier edad inicia una experiencia nueva en algún colegio puede presentarse un comportamiento de este tipo.

En su deseo de querer ayudarlo no proteja en exceso a su hijo, no lo mime ni le permita quedarse en casa. El necesita de su actitud positiva, de su firmeza y de su apoyo.

Junto a su hijo planifique un plan de ataque. Identifique los sentimientos de su hijo y muestre su empatía: «Antonio, parece que tienes miedo de ir al colegio». Escuche y refleje sus sentimientos: «Parece como si te sintieras un poco...». Muestre su comprensión: «Yo también pasé por una época en la que sentía pánico de ir al colegio. Tenía un miedo enorme a que se riesen de mí. Por este motivo, entre otras cosas, quisiera ayudarte». Su hijo está deseoso de oír y saber que usted está de su lado y va a colaborar con él: «No temas, trabajaremos juntos para buscar soluciones. Pensaremos ideas que puedan ayudarnos».

Hable con su profesor en cuanto lo vea necesario, no espere a que se convoque una reunión general, y tenga en cuenta y prepárese los siguientes puntos:

✔ Exponga de antemano el tema al profesor: «Quisiera hablar con usted de algunos problemas con mi hijo. No quiere venir al colegio».

✔ Lleve por escrito las dudas que tiene sobre el centro escolar. Si ha estado anotando los comportamientos de su hijo, lleve también el cuaderno. Es importante que no olvide ningún detalle.

✔ No acuse ni culpabilice al profesor ni a nadie. Este comportamiento sólo conseguirá poner al profesor a la defensiva. Antes de empezar el tema de su hijo con él, reconozca la labor del maestro. Siempre hay algo bueno que comentar y el profesor tendrá más gusto en escucharlo después de esta introducción de reconocimiento. Después pida su ayuda: «Estoy preocupada por los dolores de barriga que mi hijo dice sentir y porque se queja constantemente del colegio. Hasta ahora siempre se lo había pasado muy bien. Necesito su ayuda para que observe lo que pasa en el centro. Me gustaría saber qué es lo que podemos hacer para ayudar a mi hijo». Procuren averiguar juntos qué elementos han cambiado en casa o en el colegio que puedan justificar el problema.

✔ No pierda el contacto con el profesor, pueden enviarse notas o tener nuevas reuniones.

Es evidente que su hijo no lo está pasando muy bien, se siente temeroso y desanimado. Observe todas las cosas buenas que hace e intente hablarle de lo que hace bien.

✓ En cuanto tengan un momento tranquilo hable con su hijo sobre el ambiente del colegio. Mejor hágale preguntas concretas: «Miguel, hoy, ¿qué es lo que más te ha gustado del colegio?», «¿Qué es lo que te ha gustado menos?», «¿Notas que ha cambiado algo?».

✓ Cuente con la ayuda de un profesor particular para que ayude a su hijo y le aumente su seguridad en el campo académico.

✓ Dedique tiempo y especial atención a su hijo para hablar de sentimientos y de sus experiencias diarias.

✓ Propicie actividades al aire libre con familias de la escuela para que su hijo haga amigos y se sienta a gusto. Organice salidas familiares tipo excursiones, cenas o fiestas populares, como el carnaval.

✓ Coméntele la posibilidad de asistir a algún curso de gimnasia, baloncesto, fútbol, manualidades, música, etc.

✓ Busque y lean juntos libros que traten sobre el colegio. Pida consejo en una librería infantil o en una biblioteca bien surtida.

«¡Mi hijo no tiene amigos!»

[Aislamiento]

> Qué ocurre exactamente

«Los niños de mi clase se van a otra mesa cuando me siento con ellos» o «Nunca me invitan a sus fiestas, creo que no les gusto», son frases duras de oír en boca de un niño y más si ese niño es nuestro hijo, a pesar de que resulta bastante normal. Nadie quiere herir los sentimientos de un niño y, además, en esos casos salen a flote nuestros antiguos sentimientos de rechazo de la propia infancia, lo que aumenta más nuestro temor por nuestro hijo. Es lógico que usted desee que su hijo sea aceptado y sienta la necesidad de proteger sus sentimientos y resolver sus problemas. Pero no conviene que los padres intervengan demasiado anulando la propia capacidad del niño. Su objetivo es ayudar a su hijo a que se sienta capaz de hacer amigos y de conservarlos. Escúchelo y enséñele a trabajar con sentido del humor. Su hijo necesita de éste para aprender los vaivenes de la vida sin tomarse las cosas demasiado en serio. Necesita que usted lo escuche para que así aprenda a comprender sus sentimientos. Desea que usted observe sus interacciones cuando invita a jugar a otros niños. Su hijo necesita su confianza, se trata de un proceso de aprendizaje que precisa su tiempo. Para algunos niños, el hacer amigos es facilísimo, mientras que para otros supone un esfuerzo tremendo y complicado.

Sepamos distinguir: los problemas de amistad son comunes y habituales en todos los niños. Escuchemos atentamente a nuestro hijo y sus quejas sobre su soledad. Si su hijo habla con frecuencia de este tema, es un aviso importante. Póngase a su disposición y observe cambios de comportamiento como interrupciones del sueño, pérdida del apetito, irritabilidad u otros. Hable con el tutor de su hijo para conocer su comportamiento en el colegio. En caso necesario, busque ayuda profesional.

➤ Cómo actuar

No siempre que vea que su hijo está solo debe suponer que se siente solo. Estar solo y sentirse solo son dos cosas muy distintas. Puede ocurrir que su hijo tenga un carácter que requiera más espacio propio y poca gente a su alrededor. Posiblemente su hijo disfruta observando a esa edad y prefiere quedarse en un segundo plano y no participar en los juegos.

Pregunte a sus profesores si pueden existir problemas de soledad y pregunte también a su hijo si se siente solo. Compruebe el número de amigos que él cree que necesita tener para no sentirse solo. Algunos niños están convencidos de que todos los compañeros de la clase deben ser sus amigos y, en caso contrario, se sienten mal.

Reserve un tiempo para enseñar a su hijo mayor cómo portarse en sociedad y evite presuponer que ya sabe todo lo que tiene que saber sobre cómo hacer y conservar amigos. En cuanto disponga de un momento hable con él: «David, la mejor forma de hacer un amigo es ser uno mismo. No finjas, sé espontáneo. Busca a alguien que comparta tus gustos. Preocúpate por él, interésate sinceramente por él. Explícale cosas de ti. Y si te sientes bien con esa persona, invítala a jugar en casa».

Si observa que su hijo tiene mucho interés en el tema de los amigos, juegue con él a hacer amigos. Si lo ve desaminado, no intente arreglarle la situación, pero sí ayúdelo a identificar sus sentimientos y muéstrese comprensivo. Ello le lleva a realizar una autoevaluación que le ayudará a decidir qué puede hacer. Escuche y refleje lo que el niño está sintiendo: «María, sientes miedo cuando Lola no te invita a jugar porque crees que te dejará de lado». Su hijo necesita que usted lo ayude a explorar y a descubrir, necesita su comprensión: «Yo también recuerdo que me sentí mal cuando tenía tu edad y mi mejor amiga invitó a otra niña a ir con ella al parque de atracciones. ¡Me sentí tan mal!». No resuelva sus problemas, simplemente ayúdelo a resolverlos y plantee preguntas como: «¿Qué cambiarías si tuvieras una varita mágica?», «¿Qué piensas que puedes hacer de forma diferente la próxima vez?», «¿Qué le pedirías para sentirte mejor?». Pida a su hijo que piense en varias ideas de las que seleccione una. No se adelante ofreciéndole las suyas. Cuando usted estimula a su hijo, lo que hace realmente es aumentar su confianza de que lo ayudará a elegir bien.

Cuando finalmente su hijo se decida a invitar a un amigo a casa, planifique de antemano una o dos actividades para «calentar» el ambiente y luego déjelos jugar solos. Observe de lejos sus interacciones con el otro niño y no interfiera demasiado, pues ello crea presión. Más tarde le dedica un poco de tiempo y le señala algo que hizo bien.

Nunca lo avergüence corrigiéndolo delante de sus amigos. Siempre que sea posible, déjelo para más tarde o bien pida excusas a su amigo por tratar el problema a solas con su hijo.

➢ Consejos útiles

✓ Si sólo tiene un hijo, facilítele posibilidades de interacción social. Si tiene más, estimule la amistad entre los hermanos. Todas las amistades exigen cooperación.

✓ No pase a su hijo sus propias angustias, pero sí puede aprovechar para transmitirle sus recursos:

1. Pregunte a su profesor si hay indicios de que su hijo tenga problemas sociales o académicos.
2. No olvide que los profesores particulares mejoran el rendimiento escolar, lo cual, a su vez, sirve para aumentar la autoestima y la confianza social.

3. Consulte, si es posible, al psicólogo escolar. Seguramente estará dispuesto a charlar con su hijo y a ofrecerle ayuda. En algunos colegios se organizan reuniones semanales a la hora del almuerzo con grupos reducidos de niños para tratar temas sociales en la escuela. Los niños necesitan grupos de ayuda con un líder cualificado.

4. No pierda de vista las actividades de su hijo y observe su comportamiento.

✓ Dedique a menudo un tiempo divertido a pasar con otras familias. El entablar relaciones con otros adultos y sus hijos sirve para afianzar la autoestima de su hijo y le mejora la capacidad de interacción con sus compañeros de escuela.

✓ Aproveche antes de acostarse para escuchar las anécdotas que ha tenido su hijo durante el día. Puede preguntarle: «¿Qué ha sido lo mejor de hoy? ¿Lo has pasado mal por algo?». Es un momento ideal para compartir sentimientos y comentar lo que se siente cuando uno tiene de verdad un amigo.

✓ Busque y lean luego juntos cuentos y libros infantiles sobre el tema de la amistad.

✓ A partir de que su hijo cumpla siete años, regálele un diario y enséñele a que escriba cada día algo en él. «Marisa, es tu libro privado. En él puedes escribir todo lo que has hecho durante el día o sólo aquello que para ti es importante por algún motivo. También puedes escribir algunos de tus pensamientos y sentimientos de ese momento. Cuando pase el tiempo y los leas, podrás comprobar cómo han cambiado y evolucionado».

✓ Dedique también un tiempo especial a su hijo y planifique una actividad que les guste a ambos, como montar en bicicleta, dar un paseo por un sitio especial, ir al zoo o a un parque de atracciones... También puede ser algo inesperado, como un paseo en barco. Lo importante es que se diviertan juntos. A su hijo le encantará divertirse tanto con usted como con su mejor amigo.

✓ También le irá bien a usted acudir a las agrupaciones de padres de la escuela, relacionarse con otros padres y ayudar en las funciones escolares.

✓ Investigue sobre grupos infantiles extraescolares, como puede ser un grupo de montaña o de atletismo. Los deportes en grupo como el fútbol, el baloncesto o el voleibol ofrecen una buena interacción entre niños.

«Mi hijo se empeña en tener un cachorro»

[Animales domésticos]

➤ Qué ocurre exactamente

«Ya no sé qué hacer, mi hijo me pidió un gatito y ahora no se ocupa de él o cuando se ocupa es para mortificarlo». Un animal no es un juguete que podamos destrozar o abandonar en cualquier momento. Por el contrario, un animal doméstico es una agradable contribución a la vida del hogar, aunque en algunos casos resulta un gran desastre.

Si su hijo quiere un animal y usted lo adquiere, luego puede pasar que el pequeño no se ocupe de él como debiera. Como la ilusión del recién llegado dura poco, es fácil que aparezcan las riñas. Pero todo esto puede evitarlo si se planifica un poco. Su hijo no necesita ser reñido ni castigado sea cual sea su edad, lo que precisa de verdad es su ayuda y coherencia a la hora de cumplir lo acordado para que el animal reciba un cuidado adecuado. Piense en la cantidad de tiempo que tienen todos para ayudar a su hijo en el cuidado del animal cuando él no pueda o en lo que él no pueda.

➤ Cómo actuar

Es necesario establecer una rutina para el cuidado del animal y poco a poco dar cada vez más responsabilidad al niño en lo que a comida y cuidados generales se refiere. A partir de los dos años y medio su hijo puede ayudar a ponerle los cuencos con la comida y el agua.

Hacia los siete años ya está en condiciones de alimentar él solo al animal. Pero lo mejor es que todos colaboren, padres y otros hermanos, en el cuidado de los animales domésticos. Y que cada uno tenga muy claro cual es su turno y su función específica para que no ocurra que, unos por otros, el animal quede desatendido. El animal recibirá más cariño y respeto si es atendido por un equipo de personas.

Asegúrese de que su hijo comprende cómo alimentar y cuidar al animal. Consulte con su veterinario cuáles son todas sus necesidades. Y no caiga en la costumbre de alimentar y cuidar siempre usted al animal, aunque el sistema puede ser más rápido; usted irá poco a poco acumulando resentimiento y su hijo no aprenderá a ser responsable.

No amenace a menos que piense cumplir su palabra. Diga cosas factibles y cumpla siempre lo anunciado, como: «Luis, cuando hayas dado de comer a Rony, empezaremos a cenar».

Utilice la mascota de la casa para enseñar a su hijo a comprender el comportamiento animal: «Lidia, cuando molestas a Bobby o lo tratas mal, él está aprendiendo a ser malo con las personas. Si lo cuidas bien, él querrá ser bueno contigo y disfrutar de tu compañía. Si lo persigues amenazadoramente y no lo dejas en paz un rato, él se separará de ti. A Bobby le encanta jugar contigo cuando se siente a gusto y necesita comer y descansar tanto como tú».

No permita nunca ningún tipo de tratamiento abusivo con el animal. Si su hijo es cruel utilice pocas palabras y actúe: «Miguel, hoy dejaremos al gato en el patio y mañana jugaremos con él para que recuerdes cómo hay que tratarlo».

También es útil que introduzca el tema de sentimientos a través del animal: «Patricia, qué te parecería si yo me olvidara un día de hacerte la comida? ¿Cómo te sentirías si de golpe empezara a darte patadas?».

Si el animal un día se escapa o se muere, no culpabilice a nadie ni permita tampoco que lo haga su hijo (ni a sí mismo ni a otras personas): «Pinocho se ha escapado. Los gatos lo hacen de vez en cuando porque buscan la compañía de otros gatitos. No se ha ido por algo que tú le hayas hecho o porque no te quisiera».

Si el animal muere, puede proponer organizar un funeral para ayudar a poner fin a un período. No intente quitar importancia a la situación diciendo «sólo era un perro» o «no te preocupes tanto». Por el contrario, dé consuelo a su hijo: «Ignacio, ya se que estás muy triste porque Lex se ha muerto. Yo también estoy triste, pero no sé cómo puedo ayudarte. ¿Quieres que organicemos juntos su funeral?».

➢ Consejos útiles

✓ Piense detenidamente y reflexione cuál puede ser el animal más adecuado, según el estilo de vida familiar. Antes de empezar con un gato o un perro, si ha de ser de su hijo, es mejor que empiece con un hámster o un pez. Cualquiera que sea el animal, debe acoplarse bien a la familia y ha de ser cuidado y querido adecuadamente. Consulte a un veterinario o a una tienda especializada con el fin de comentar las mejores opciones, según sus posibilidades, para evitar fracasos.

✓ Antes de adquirir un animal doméstico convoque una reunión familiar en la que quede claro cómo hay que cuidar al animal, quiénes se harán cargo y de qué se harán cargo exactamente. Haga una lista de las necesidades del animal y decida lo que sucederá con él si ese acuerdo se rompe.

✓ Planifique un inicio correcto preparando la casa adecuadamente para recibir al animal.

«Mi hijo siempre se queja y ayuda en las tareas de casa a disgusto»

[Tareas domésticas]

De 3 a 6 años

➢ Qué ocurre exactamente

Cuando su hijo de tres años se niega a ayudar a recoger sus juguetes, la situación se vuelve molesta y agotadora. Usted lo riñe primero, se lamenta después e incluso intenta sobornar a su hijo con alguna chuchería, pero finalmente le parece mucho más fácil hacer usted el trabajo y acabar de una vez. A menudo los padres no saben qué exigir a sus hijos porque no entienden muy bien sus capacidades. Caen en la fácil trampa de hacer demasiado por su hijo y no esperar casi nada de él.

Este error tan común conduce a unos malos hábitos en los años siguientes, tanto en casa como en el colegio. Su hijo aprenderá a trabajar en equipo en la escuela y por ello es mejor que, desde pequeño, le enseñe a colaborar con usted para llevar bien la casa. Puede empezar cuando tenga tres años estableciendo unos buenos hábitos, ya que es cuando más ganas tienen de ayudar, y vaya aumentando las tareas y expectativas con la edad. Comprobará gratamente que una gran parte del comportamiento hostil e infantil de su hijo desaparece cuando asume mayores responsabilidades. Especialmente responsabilidades personales, como el control de esfínteres o vestirse solo, son tareas muy importantes para un niño pequeño. Su tarea se centrará en establecer unas directrices y en dedicar un tiempo para enseñar y luego crear un ambiente en su casa que fomente la ayuda de su hijo.

Su hijo, aunque no lo parezca, es muy capaz de muchas cosas. Evite hacer por él lo que puede hacer solo. Usted cuídese y reserve su energía ya que la necesitará para conservar su entusiasmo y sentido del humor. Su estímulo es vital para ganar su colaboración.

➢ Cómo actuar

Reúnanse toda la familia y decidan cuáles son la tareas de cada uno. Piense en todos lo trabajos que puede hacer su hijo y déjele elegir los que prefiera. Aproximadamente antes de los dos o tres años su hijo ya empezará a intervenir en las decisiones familiares si practica con él desde el principio. Reserve tiempo para enseñar pacientemente y no dé por hecho que su hijo sabe lo que usted espera de él. No sea perfeccionista y deje que su hijo se sienta bien por el trabajo realizado. Más tarde, y cuando no esté su hijo presente, haga lo necesario para corregir o acabar ese trabajo.

La música suele gustar a todos los niños, tengan la edad que tengan; utilícela como elemento de motivación. Si usted tiene la costumbre de cantar mientras realiza las tareas domésticas, pronto su hijo de tres años trabajará también mientras canta.

A continuación ofrecemos una lista de las tareas que puede realizar su hijo según su edad. Se trata sólo de una mera orientación, ya que su hijo puede hacer cualquier tarea señalada para su edad o para una edad superior o inferior. Actúe siempre con creatividad y flexibilidad:

✓ A los tres años ya puede limpiar lo que ensucia, ayudar a colocar los artículos de la compra en las estanterías más bajas, recoger los juguetes, quitar el polvo, ayudar a poner y quitar la mesa, cooperar en su propia higiene –como lavarse los dientes, lavarse y secarse las manos y la cara, cepillarse el pelo e ir al lavabo–, y elegir la propia ropa y vestirse.

✓ A los cuatro años ya pueden sacar la basura, ayudar a preparar el desayuno, ayudar en la compra, poner y quitar la mesa, recoger la habitación, añadir ingredientes en una receta sencilla, ayudar en el jardín, seguir un horario para dar la comida a los animales domésticos, limpiar los zapatos y colgar la toalla y su propia ropa.

✓ A los cinco años ya pueden preparar su propio desayuno si no es algo muy complicado –como cereales con leche fría–, elegir la ropa en función del clima, separar la ropa sucia blanca de la de color para su lavado, barrer, contestar al teléfono, aprender a atarse los zapatos, intervenir en las decisiones familiares, recoger los juguetes y ordenarlos.

✓ A los seis años ya pueden elegir la ropa según el clima y las circunstancias, regar las plantas, preparar comidas sencillas, sacar las malas hierbas del jardín y ordenar el armario.

➤ Consejos útiles

✓ Normalmente los niños necesitan saber qué se espera de ellos e incluso algunos necesitan oír a cada momento lo que han de hacer a continuación y así se les facilita el trabajo.

✓ Dedique cada día unos minutos a su hijo para abrazarlo, para hacer bromas con él y para divertirse juntos. Si usted rompe la rutina de su hijo con muestras de cariño y atención, él será mucho más cooperador.

✓ No olvide dar las gracias a su hijo por sus esfuerzos. Tenga en cuenta que las responsabilidades personales son difíciles para él. Comente con entusiasmo todos los esfuerzos positivos que realice, como lavarse la cara, cepillarse los diente o peinarse.

De 7 a 12 años

➤ Qué ocurre exactamente

Posiblemente usted se haya encontrado en más de una ocasión ante la siguiente situación: ordena a su hijo que ponga la mesa y éste ni le contesta. Usted vuelve a insistir varias veces hasta que, al final, la orden se convierte en un grito furioso. Su hijo, suspirando y de mala gana, accede a obedecer. Usted está nervioso, a punto de perder el control, y no puede evitar algunas descalificaciones y mandar finalmente a su hijo a su cuarto.

Se siente muy enfadado y acaba poniendo usted la mesa. Su hijo está resentido, por lo que aún quiere cooperar menos. Ha conseguido librarse del trabajo, pero en realidad todo el mundo ha perdido con esta situación. Tranquilícese todo lo que pueda y más. En definitiva, los niños son siempre niños y su papel consiste en poner a prueba a los padres; el de usted, en cumplir lo anunciado e intentar no perder los nervios. De su autocontrol y firmeza depende que una tarea pesada se convierta en una ayuda. Como es lógico, para un progenitor resulta más fácil hacer él mismo el trabajo o pagar a alguien para que lo haga que ordenárselo al niño y esperar que éste obedezca y realice más o menos correctamente el trabajo. Pero el niño necesita tener esta responsabilidad y la oportunidad de contribuir personalmente en su trabajo en colaboración con usted.

➤ Cómo actuar

No declare la guerra por las tareas domésticas, es mejor que desarrolle un programa. Reúnanse toda la familia para decidir las tareas y responsabilidades importantes que corresponden al hogar. Escríbalas en una hoja o en una pizarra y cada semana su hijo seleccionará las tareas a realizar.

Intente ser creativo y convierta todo en un trabajo de equipo: «Te ayudaré a plegar la ropa y tú puedes ayudarme después a sacar la basura». Todo debe resultar divertido y ser realizado con una mentalidad positiva.

Compruebe si su hijo tiene presentes las tareas qué debe realizar pidiéndole que las diga. Después le recuerda qué conseguirá si cumple lo acordado (ver un rato la televisión, que venga a dormir un día próximo su mejor amigo, etc). Y finalmente señale qué puede perder si no cumple el trato. Sea consecuente y revise que todas las tareas se realizan como se ha acordado: «Esteban, quedamos en que ordenarías el cuarto antes de hacer otra cosa. Parece que no quieres ir al cumpleaños de César». No debe sermonear a su hijo, sólo decir la frase con cara impasible. Si su hijo protesta, puede decir: «Podrás ir tan pronto como hayas ordenado el cuarto».

Si se da cuenta de que se encuentra en medio de una batalla de poder y no hay posibilidades de que funcione bien, su hijo preferirá dejarse matar antes que obedecer. Abandone esta historia. Intente crear una relación de cooperación en otros momentos. Cuando vea a su hijo tranquilo y dispuesto a escuchar, hable de sentimiento: «Luis, ¿qué está pasando? Últimamente pareces enfadado y resentido cuando te pido ayuda». Sea un reflejo de lo que su hijo dice. Dedique un rato a escucharlo y con el tiempo su esfuerzo por colaborar irá aumentando.

Es de suma ayuda que organice bien las tareas y establezca una secuencia temporal; a ser posible, utilice también un incentivo: «Nicolás, cuando hayas barrido el balcón comenzaré a preparar el almuerzo y cenaremos fuera esta noche».

Siempre que sea posible ofrezca varias alternativas: «Elena, tienes dos posibilidades: barres la cocina antes de ir a jugar con Sofía, o bien mañana por la mañana, antes de ir a comprar ese juguete que tanto querías».

No es nada aconsejable que soborne o dé dinero a su hijo por trabajos regulares y necesarios. La paga semanal no debe basarse nunca en las tareas domésticas realizadas: «Fernando, vivir en una casa como la nuestra es toda una suerte. Si trabajamos en equipo nos lo podemos pasar bien, a la vez que cada uno de nosotros deberá esforzarse menos. No se paga por las tareas domésticas. Si quieres un dinero extra ya hablaremos de otras posibles tareas remuneradas que puedas hacer».

No intente ser perfeccionista ni utilice frases como: «Sí, muy bien, ya he visto que has hecho la cama, pero aún quedan bultos». Conseguir la perfección absoluta es un objetivo imposible de lograr y pocas veces conduce a mejorar lo hecho. Hable de las cosas que le parecen bien hechas y en otro momento sugiérale cómo, poco a poco, lo puede mejorar: «Te has esforzado mucho con tu cama». Un poco después, cuando esté ayudándolo a ordenar el cuarto, puede decirle: «Te voy a decir un secreto, cuál es la forma sencilla de sacar esos bultos». Tampoco pretenda que un niño de ocho años haga la cama como usted.

A continuación ofrecemos una lista sugiriendo algunas tareas que pueden realizar los niños según su edad. Esta lista es sólo una indicación, por lo que su hijo puede hacer también cosas referidas a niños de menor o de mayor edad.

✓ A los siete años puede cuidar y mantener su propia bicicleta –limpiarla, guardarla y utilizar un candado–, puede tomar mensajes telefónicos, lavar y educar a los animales domésticos, levantarse por la mañana y acostarse solo, encargarse del desayuno, limpiar la bañera, sacar las sábanas usadas y echarlas a la ropa sucia, y ayudar a poner las sábanas en la cama.

✓ A los ocho años puede plegar bien las servilletas y poner correctamente la mesa, ducharse solo, cambiarse la ropa cuando sea necesario sin que nadie se lo diga, coger fruta del árbol, retirar las flores marchitas de las plantas, recoger los excrementos de animales de la casa o del balcón, ayudar a pintar las paredes, escribir cartas con ayuda y bañar a un hermanito menor.

✓ A los nueve años puede cruzar las calles sin ayuda, hacer la compra, organizar las propias fiestas, aprender a coser, preparar zumo y servirlo, ayudar a limpiar el interior y exterior del coche, y ser responsable del animal doméstico de la casa.

✓ De 10 a 12 años puede cuidar de sus hermanitos menores –bañarlos, prepararles la comida, darles de comer y vestirlos–, hacer recados en bicicleta, manejar pequeñas sumas de dinero, quedarse solo en casa, lavar las cazuelas, arreglar la cocina y programarse sus cosas con ayuda de un calendario.

> ## Consejos útiles

✓ No tema emplear todo el tiempo posible en enseñar a su hijo porque ese tiempo no cae en saco roto. Antes de esperar que su hijo realice una tarea, asegúrese de que ha entendido lo mismo que usted. No lo dé nunca por supuesto.

✓ Procure decir «por favor, colabora conmigo» en un tono que su hijo no tome por «obedece». Le resultará más fácil convencer a su hijo para que colabore o realice una cierta tarea si usted muestra un espíritu entusiasta y de grupo en lugar de decir «lo haces porque yo lo digo».

✓ No olvide dedicar ese tiempo especial para estar con su hijo. Diviértanse juntos, vayan en bicicleta, paseen, jueguen dentro y fuera de casa. Cuanto mejor sea su relación con su hijo, más colaborador será.

«Mi hijo no quiere compartir sus juguetes con su hermano ni con otros niños»

[Egoísmo]

➤ Qué ocurre exactamente

Los niños muy pequeños piensan de forma diferente a los adultos, que son personas maduras: «Lo que es mío es mío y lo tuyo también es mío». Un investigador, respecto al tema de compartir los juguetes, comparó el sentimiento de los niños en edad preescolar con el de renunciar a uno de sus brazos. A menudo el niño en edad escolar tiene unos sentimientos muy fuertes de posesión y lo pasan muy mal cuando tienen que compartir sus posesiones. Muestran una actitud competitiva que convierte en una verdadera batalla campal el hecho de dar algo o turnarse los juguetes.

Posiblemente usted se sienta muy mal cuando su hijo protesta por tener que compartir, y aún se siente más frustrado cuando presencia una rabieta por motivos estrictamente egoístas. Quizá le sirva de ayuda reflexionar sobre los siguientes puntos:

✔ No existe una edad concreta en la que el niño aprende obligatoriamente a compartir. En un primer momento los niños pequeños juegan solos o junto a otros, interaccionando con ellos de vez en cuando. El aprender a compartir es un proceso que se desarrolla con la madurez del niño. Requiere tiempo para él y tiempo también para los padres que le enseñen a hacerlo.
✔ El aprender a compartir es algo que también se ve influido por el ambiente. Los niños necesitan presenciar que los adultos dan y reciben, y que fomentan la cooperación en lugar de la competitividad destructiva y nefasta.
✔ El carácter del niño influye sin duda en su aprendizaje del hecho de compartir. Existen niños que tienen un carácter muy rígido y difícil de instruir. Los cambios los sacan de sí, por lo que necesitan más tiempo para considerar una idea nueva.

Con un poco de paciencia, un poco de tiempo para las enseñanzas y mucha coherencia a la hora de aplicar los resultados, su hijo llegará a ser una persona generosa y dispuesta a compartir.

➢ Cómo actuar

No conviene nunca que avergüence a su hijo diciéndole frases como: «Eres un egoísta, no tendrás amigos si sigues así». Diga claramente a su hijo lo que espera de él. Sugiérale retirar los juguetes que no desee compartir cuando vengan otros niños a jugar a su casa, dejando sólo aquellos que no le importa usar en común.

Piense un sistema de definir la propiedad en casa. Para su hijo, el compartir será más sencillo si sabe que tiene cosas privadas y propias. Separe sus juguetes o prendas de vestir personales de aquellos objetos que pueden ser usados por toda la familia. Enséñele a compartir en casa con sus hermanos, si tiene, y con ustedes. Aproveche alguna celebración para comprar algún regalo de uso familiar, como un juego.

Aproveche cualquier oportunidad que tenga en casa para enseñar a compartir. Aunque haya hablado muchas veces de ello con su hijo no suponga que éste lo entiende ya a la perfección. El proceso implica tiempo. Los siguientes ejemplos de frases pueden ayudarle:

✔ «Voy a dejar aquí encima unas pinturas y unas tijeras. Son para que los uséis los dos, por lo que tendréis que compartirlos»..

✔ «Cuando quieras usar los patines de Pedro, pídeselos a él primero e intenta utilizar la palabra mágica "por favor"».

✔ «Sonia, si quieres subirte al columpio y está ocupado, pídelo con palabras. No empujes ni pegues».

No dude en compartir cosas con su hijo y procure que él se dé cuenta. La cooperación debe enseñarse como un acto de compartir y no de obediencia a los mayores: «Raúl, te doy un poco de mi pastel porque sé que ya te has comido el tuyo y que te gusta mucho, y yo disfruto con ello. Espero que tú también desees compartir conmigo».

No pase por alto las pequeñas cosas que su hijo hace bien y felicítelo por ello:

✔ «¡Fantástico! ¡A Mar le encanta montar en tu bicicleta! ¡No veas lo contenta que se ha puesto cuando se la has dejado!».

✔ «Juan, está muy bien lo que has hecho. Ese niño te ha pedido que le dejaras columpiarse y tú lo has hecho sin protestar».

✔ «Pilar, me ha encantado cómo le has pedido a Andrea que te devolviera la muñeca».

➤ Consejos útiles

✓ La hora de ir a dormir es un buen momento para comentar los sentimientos relacionados con este tema. Piense que no todos los niños comparten las cosas con facilidad. Escuche atentamente y afirme los sentimientos de su hijo sin juzgarlos. Muéstrele su balsámica comprensión: «Hoy te has enfadado con Olga; sin duda, compartir es algo difícil», o «¡Vaya!, esta mañana os lo habéis pasado muy bien. Os habéis prestado todos los juguetes».

✓ Reserve un poco de su tiempo para estar un momento especial con su hijo. Un tiempo divertido y de entrega con sus padres, con su comprensión y ganas de escuchar, ofrecerá al niño la energía necesaria para cooperar y compartir con los demás.

✓ Lean juntos cuentos e historias infantiles sobre la amistad y el hecho de compartir. Infórmese en una librería infantil o en una biblioteca bien surtida sobre otras publicaciones interesantes.

«Mi hijo no sabe jugar a nada»
[Aprender a jugar]

➤ Qué ocurre exactamente

Jugar es explorar, descubrir y descubrirse. Jugar es conocer el entorno y conocer a los que nos rodean, por ello es tan importante y necesario el juego para el niño y, dicho sea de paso, para el adulto. Siempre se ha dicho que el niño viene al mundo jugando, ejercita todos sus sentidos y todas sus posibilidades jugando. El bebé puede estar horas y horas, incansablemente, haciendo lo mismo en la monotonía de un gesto. Es el placer de hacer algo sin ningún fin.

El niño, en sus primeros años, como todavía no es nadie, puede jugar a ser todo. La fantasía puede convertir una cosa en otra: una cajita en una casa, un palo en una espada, unas piedras en monedas... El niño no es uno, sino muchos. Puede ser lo que él quiera. Él sólo es el guionista, el actor, el director, los efectos especiales y el atrezzo de su propia película, de su propia imaginación.

El juego es el trabajo del niño, a través de él adquiere nuevas habilidades y descubre sus propias capacidades. El juego ocupa un lugar esencial en la construcción de su personalidad infantil, mediante él expresa y comunica sus propias emociones, fantasías, deseos, temores y conflictos. El jugar es síntoma de salud, y su inhibición señala que hay algún tipo de trastorno emocional que, por supuesto, afecta a su evolución infantil.

Aparecen las reglas de juego

Más adelante, el niño se siente capaz de admitir a otros en su película como coproductores, ya acepta y desea el juego compartido. Empieza a querer conocer el mundo de los demás. Baja de su propia fantasía y todo se hace más evidente al compartir sus reglas y las fantasías de los demás: «Tú eres el médico y yo te llevo a la niña, y tú estás malita y lloras, y él te opera y luego...». Al intentar jugar con otros debe procurar entenderse bien con ellos. Para ello aparecen en escena las reglas, que deben ser claras y precisas: palabras y números. Y las cosas, los sitios, los nombres, las tareas bien definidas... Hay que hacer buen uso de la razón. El manejo de todo, o casi todo, está bien dominado y la especialidad de cada uno exige casi la maestría: muñecas, comiditas, coches, ordenadores, videojuegos...

El juego simbólico es el primero en aparecer, y posteriormente surgen las reglas, que no son otra cosa que la manera de hacer posible el juego compartido entre varios jugadores. Es la forma de dar espacio a varios participantes.

Ciertos estudios (uno de ellos es un estudio efectuado en las escuelas de Norfolk, Gran Bretaña) indican que los niños parecen perder la capacidad de inventar sus propios juegos y parece que, a partir de cierta edad, aproximadamente a los ocho años, dejan de jugar al estilo tradicional y dedican su tiempo preferentemente a los videojuegos o a ver la televisión, con todas las consecuencias que ello implica.

➤ Cómo actuar

Es muy aconsejable que rescatemos los juegos tradicionales y los potenciemos entre todos, ya seamos padres, educadores, maestros, etc.

A su vez, debemos restringir el uso de videojuegos, de ordenadores y el tiempo ante la televisión.

Debemos propiciar que nuestros hijos jueguen con otros niños de su edad y no sólo de forma individual, así como frenar la compra de juguetes sofisticados, electrónicos y los completamente acabados. En definitiva, demos oportunidad a que nuestro hijo pueda desarrollar su creatividad y fabrique con su fantasía sus propios juguetes.

➢ Consejos útiles

Está claro que existe, hoy en día, una superabundancia de juegos que sólo tienen en cuenta el ganar. Entre ellos se encuentran los que has de batallar con algún enemigo y los pasivos, de apenas apretar botones, cuando la máquina, con sus pilas o su corriente, lo hace casi todo.

Expertos infantiles sostienen la teoría de que muchos juegos cumplen la función de «sostener» el sistema dominante. De hecho, cada sistema socioeconómico potencia los juegos que lo «sostienen» y detesta los que lo «amenazan».

Los juegos que algunos expertos denominan «integrales» o «globales» son los que de alguna manera implican en su conjunto a todo el organismo: cuerpo, emociones, mente, sistema energético... Son los que activan y nutren los sentidos y las articulaciones, la fantasía y el sentimiento, el hacer y el reposar. Este tipo de juegos son adecuados prácticamente para cualquier edad por ser muy sencillos, básicos y poco excluyentes. Se puede jugar durante todo el proceso evolutivo personal: tocar y explorar, conocer y recordar, fantasear y crear, disfrutar simplemente y estar a gusto. Estos juegos integrales o globales constituyen una denominación genérica que abarca otros juegos, entre los que hemos seleccionado los juegos alternativos, los espejuegos y los juegos sin cadenas.

«Mi hijo no se divierte cuando juega»

[Juegos integrales]

➤ Qué ocurre exactamente

Con frecuencia, los niños sedentarios y aburridos desconocen por completo la fatiga, ya que no pueden exteriorizar sus ganas de moverse. Sus ansias de descubrir cosas nuevas son satisfechas virtualmente, en el mejor de los casos, y en consecuencia, padecen trastornos del sueño y de otro tipo. Tampoco saben qué es el éxito, puesto que no les han permitido desarrollar sus aptitudes o no hacen uso de ellas. Sus contactos sociales son escasos debido a su apatía para las relaciones y a su falta de confianza en ellos mismos y en los demás. Su mundo afectivo es pobre, ya que del simple consumo se extrae muy poca dicha.

Los niños que están rodeados de juguetes insulsos o inapropiados para su edad y, que por tanto, no favorecen el desarrollo de su creatividad, se sumen, a menudo, en el aburrimiento. Estos juguetes no favorecen el desarrollo psicológico del niño porque éste necesita, para crecer y evolucionar, disponer de una variada estimulación sensorial y poder experimentar con ésta.

Un sentido se desarrolla sólo en la medida en que se utiliza en combinación con los restantes: hay que poder enlazar los distintos estímulos de los sentidos. La conversación, el habla y los juegos son, sin lugar a duda, fundamentales.

➤ ¿De qué juegos se trata?

Son más de los que aquí exponemos, pero hemos seleccionado éstos por la lógica limitación de espacio.

JUEGOS ALTERNATIVOS

Los juegos llamados «alternativos» son aquellos juegos que, sin ser conscientes, más desean los niños. Desde la psicología clínica, humanística y transpersonal, y desde la pedagogía y la medicina, cada vez más personas se dedican a esta tarea: cuidar las «especies» de juegos saludables en «vías de extinción», como plantar, regar, construir u otros juegos que nutren las necesidades globales del ser humano. Son juegos que compensan la unidimensionalidad de los ahora vigentes, una alternativa, principalmente, al juguete sofisticado y electrónico de última generación, al juego que potencia al máximo la competitividad, etc. En definitiva, podemos considerar en general que los juegos alternativos no son más que los juegos tradicionales de toda la vida.

ESPEJUEGOS

La mayor parte de la vida es una cadena automática de estímulos y respuestas. Darse cuenta de ello es un aspecto de la conciencia que florece tardíamente en las personas. Es ese «destello» necesario para ser testigo de uno mismo, de nuestra forma de funcionar, que crece según sean las demandas del exterior y según las «averías» de nuestro interior. Ser conciente de uno mismo, de una forma global, es fruto de una gran madurez.

Por un lado, es muy interesante que nos demos cuenta de a qué jugamos, cómo es nuestro jugar y cómo va la «partida» de la vida. Y, por otro, la función del jugar es divertir, distraer, alejarnos de lo ordinario y cotidiano. Una síntesis acertada es, a la vez, jugar el juego a tope y ser testigo del juego, el estilo y los resultados. Entrenarse en esta doble percepción exige un largo aprendizaje, se trata de jugar cada juego a fondo y percatarse de todos los detalles sin dejarse absorber, sin olvidar que todo juego, por muy serio y trascendente que parezca, por muy real que lo creamos, es siempre un juego y sólo eso, un juego.

El jugar puede ser un espejo para aprender a verse y conocerse. El juego usado como espejo de sí mismo constituye una utilización infrecuente y tardía, que acostumbra a florecer en un momento muy avanzado de la evolución personal. Cuando ya se ha caminado y conquistado el mundo externo, puede empezar a interesar el mundo interno. Cuando verdaderamente nos interesa conocernos a nosotros mismos, el jugar se convierte en un instrumento genial e inagotable.

Los juegos son espejos de aumento, permiten ver las mil caras que uno tiene, la forma de su ingenio, de su creatividad, del disfrute, de la ternura, del miedo, del goce.

Un juego usado por alguien contra otro («para que veas», «para que aprendas») no será digerido con provecho, un juego nunca debe ser un arma.

Lo mejor es dejar a cada uno con su espejo y cada uno ve de sí mismo lo que puede o quiere ver.

Cuando los adultos jugamos, apenas si nos atrevemos a recuperar nuestro ansiado recreo escolar. Inventar, divertirse, improvisar, ser espontáneo son capacidades que poseen las personas sanas y maduras. Incluso si jugamos, lo hacemos en espacios y tiempos bien definidos, como con vergüenza. Para que nadie vaya a confundirse y se crea que somos así decimos que estamos de broma, que es un juego, que es un cursillo sobre el jugar. En definitiva, que se trata de toda una excepción al estado de seriedad habitual. Procuremos, en lo posible, quitar las pesadas cadenas a todo lo que nos limite y disfrutemos plena y sinceramente de la magia del juego. Son muchos los juegos que gozan de no tener ataduras.

➢ Cómo se juega a estos juegos

Seguidamente hemos seleccionado unos cuantos juegos en base a su fácil puesta en escena y a lo mucho que pueden dar de sí. De una forma sencilla, el niño y usted se divertirán.

EL CUENTO CONTINÚA

- ✔ *Material:* Ninguno.
- ✔ *Edad:* Para niños a partir de cuatro o cinco años y adultos.
- ✔ *Objetivos del juego:* Reforzar la confianza y la comunicación, estimular la imaginación, desarrollar la capacidad empática y ayudar a coordinarse entre varios.
- ✔ *En qué consiste:* Un grupo de unos cuatro niños (decimos niños, pero tanto en éste como en el resto de juegos, pueden participar los padres o personas adultas; es más, sería conveniente para todos, niños y adultos, que estos últimos participasen) piensa el tema de un cuento y empieza a desarrollar el tema y a caracterizar a los personajes. En un momento dado el organizador del juego sustituye a este grupo por otro, que deberá continuar con el desarrollo del cuento.
- ✔ *Variantes:* Se pueden introducir todas las variantes posibles, como hacer salir un personaje y hacer entrar a otro. Lo que ha de ser siempre fijo es el tema del cuento.

ADIVINA SIN PALABRAS

✔ *Material:* Ninguno.
✔ *Edad:* Niños a partir de seis años.
✔ *Objetivos:* Potenciar la expresión corporal, educar y reforzar la memoria, estimular la imaginación, despertar la conciencia de cómo, tan a menudo, malinterpretamos a los demás.
✔ *En qué consiste:* Cinco voluntarios salen del lugar en el que se encuentra todo el grupo; el resto decide qué debe imitar el primero de ellos entre, por ejemplo, hacer una tortilla o bañar a un bebé.

Entra el primer voluntario y se le dice lo que tiene que representar; cuando éste ya lo sabe, se llama al segundo para que observe al primero y adivine lo que está haciendo, para representarlo posteriormente ante el tercero, y así sucesivamente con los cinco voluntarios.

Lo más habitual es que cada uno represente lo que ha visto a su manera, cambiando cosas e intercalando otras nuevas. Finalmente, antes de explicarles cuál era la situación inicial, cada jugador dirá qué es lo que ha entendido e intentaba representar en su participación.

LA GALLINITA CIEGA

✔ *Material:* Una venda.
✔ *Edad:* A partir de tres años.
✔ *Objetivos:* Fortalecer la confianza, la concentración y la conciencia sensorial.
✔ *En qué consiste:* Un voluntario se ofrece para vendarse los ojos y se coloca en el centro de la sala. Los demás participantes del juego lo rodean y empiezan a caminar. Quien está con los ojos vendados dice «quietos», y todos se detienen. Camina buscando una cara, la tantea e intenta adivinar quién es. Si lo adivina, se quita la venda y se la pone a la persona a quien descubrió. Si no lo adivina, continúa con los ojos vendados hasta que acierte.

EL ESPEJO

✔ *Material:* Ninguno.
✔ *Edad:* A partir de tres años.
✔ *Objetivos:* Fomentar la actividad grupal y el desarrollo social, aprender a observar, romper el hielo.

✔ *En qué consiste:* Los participantes forman un círculo y el monitor se coloca en el centro. Éste empieza a moverse muy despacio, primero las manos, luego el cuerpo y la cabeza, en silencio. El resto del grupo imita sus movimientos como si cada uno fuera un espejo del monitor. Cada participante hará, a la vez, los movimientos que él perciba desde su posición.

ME MOLESTA Y ME GUSTA

✔ *Material:* Ninguno.
✔ *Edad:* A partir de cuatro años.
✔ *Objetivos:* Estimular el desarrollo personal, fortalecer la confianza en el grupo y evaluar y solucionar problemas.
✔ *En qué consiste:* La persona que introduce el juego habla sobre el significado de las expresiones «me molesta» y «me gusta», y procura encaminarlas a la situación en la que se encuentra el grupo, ya sea en clase o en el medio en el que habitualmente se muevan. Y empieza el juego.
Cada persona dice una frase que empieza por «me molesta...». Cuando acaban todos, se empieza de nuevo, pero con la frase «me gusta...».
Nadie debe sentirse obligado a decir la frase si no hay nada que le moleste o le guste, o sencillamente, no se quiere decir.
Este juego puede ayudar a evaluar todo un período de convivencia entre los participantes.

¡HOLA, MASCOTA!

✔ *Material:* Un muñeco de trapo no muy pequeño.
✔ *Edad:* Para niños a partir de tres años.
✔ *Objetivos:* Facilitar el encuentro, contacto y saludo entre miembros nuevos.
✔ *En qué consiste:* Nos ponemos todos en corro; si el grupo es muy numeroso, pueden hacerse dos grupos concéntricos. Quien dirige el juego dice, cogiendo al muñeco: «¡Hola!, os presento a la mascota del grupo, que tiene la costumbre de pedir a cada uno un saludo original, el que a vosotros os apetezca; también le podéis pedir un deseo o darle un besito».
Se va pasando el muñeco de mano en mano animando a que todos se suelten y le digan y hagan lo que se les ocurra. Cuando acaba la vuelta y todos han dicho y hecho algo, se procede a la segunda ronda, que nadie se espera. Lo que dijimos o hicimos a la mascota, ahora se lo decimos y hacemos igual a la

persona que tenemos a la derecha. No debemos censurarnos. En lo posible, debemos hacer lo mismo.

¡CUÁNTO HAS CAMBIADO!

✓ *Material:* Ninguno.
✓ *Edad:* A partir de cinco años.
✓ *Objetivos:* Divertirse, potenciar la capacidad de observación y escucha, estimular la comunicación y la relación entre personas.
✓ *En qué consiste:* Se forman parejas y se colocan frente a frente de pie. Se observan unos instantes en silencio. Seguidamente se les da la orden para que se den la espalda. Mientras están de espaldas, cada uno se cambia algo de sí mismo. Cuando está hecho el cambio, se vuelven a poner de frente y tienen que decirse el uno al otro todos los cambios que encuentran. Se pueden puntuar los cambios observados. Los fallos pueden contabilizarse para perder puntos.
✓ *Variantes:* Intentarlo varias veces con la misma pareja o cambiar de pareja cada tres o cuatro intentos con la misma. Podemos hacer también cambios corporales o de ropa. Podemos cambiar o no cambiar nada. Podemos pedir que se señale el cambio sin palabras. Normalmente ocurre que los cambios comportan incomodidad, por lo que todos desean recomponerse y acomodarse de nuevo al acabar la prueba. ¿Por qué no intentamos hacer cambios que nos mejoren, acomoden, relajen y, por tanto, puedan ser duraderos?

¡CUIDADO CON EL LADRÓN!

✓ *Material:* Dinero en monedas sueltas o legumbres, periódicos enrollados.
✓ *Edad:* A partir de seis años.
✓ *Objetivos:* Afinar los sentidos y percibir sutilmente a través de ellos la confianza, el temor, el sigilo. Potenciar las habilidades manuales, el autocontrol y la precisión.
✓ *En qué consiste:* Nos encontramos en la calle más peligrosa, hay más ladrones que ciudadanos y te pueden robar en cualquier momento. Voluntariamente varias personas harán de ciudadanos; éstos llevan en una mano abierta, que no pueden cerrar, varias monedas o legumbres. Con los ojos vendados comienzan un viaje por una «pasarela», lo más larga posible, delimitada por mantas o sillas para que el ciudadano no salga de ella. Mientras van an-

dando, sin correr, son asaltados por los ladrones que intentan, con mucho cuidado, quitar el dinero de la mano. El ciudadano lleva en la mano un rollo de papel blando que le hace de palo para defenderse de sus agresores. Debe dar al ladrón antes de que le esté robando; si lo hace mientras le roban, pierde y vuelve a empezar desde el principio de la pasarela o se cambia por un ladrón. El ciudadano tiene que intentar llegar al final de la calle conservando todo su dinero.

✔ *Variantes:* Andar por la pasarela de espaldas y manteniendo los ojos tapados.

SI TE RÍES, PIERDES

✔ *Material:* Ninguno.
✔ *Edad:* A partir de tres años.
✔ *Objetivos:* Hacer reír y reírse. Inventar recursos antirrisa y prorrisa, según donde toque jugar. Desarrollo de la expresión corporal y del autocontrol emocional. Se estimula la diversión, la relación y, especialmente, las endorfinas.
✔ *En qué consiste:* A suertes o voluntariamente, alguien se ofrece para no reírse, mientras que otros tres se ofrecen para intentar que se ría. Cuando quien hace de serio está preparado, dice convencido en voz alta: «Serio», y los otros tres, sin tocarlo, intentarán hacerle reír. Se puede marcar un tiempo para el intento. Si aguanta el primer ataque, puede probar otro trío y se van marcando puntos. Se considera risa el hecho de que se vean los dientes.
✔ *Variantes:* Una persona puede hacer reír a dos, tres, cuatro o más personas. El primero se coloca en el centro del grupo, y cuando éste está listo, el «risógeno» intenta hacer reír a cualquiera del grupo.

¿QUÉ PASA EN ESCENA?

✔ *Material:* Diferentes textos de obras de teatro para leer.
✔ *Edad:* A partir de 11 años.
✔ *Objetivos:* Conseguir flexibilidad mental y la tolerancia a opiniones diferentes. Desarrollar actitudes no racistas, de respeto hacia los niños de otras etnias y culturas. Estimular el interés por la participación de todos, la creatividad y la flexibilidad.
✔ *En qué consiste:* Se presenta el juego haciendo hincapié en la relatividad del mundo objetivo. Cada uno ve y entiende según su cultura, deseos, temores, prejuicios, etc.

A través de este juego veremos lo relativo que es todo. Repartimos el mismo texto dramático para que, durante unos minutos, cada uno se lo lea para sí y lo interprete como lo entienda. Se deja un tiempo para la lectura y comprensión individual. Después, cada uno explica el significado del texto, exponiendo el mensaje, el sentido o la moraleja que cree que se propone en el mismo.

✓ *Variantes:* Pueden haber muchas formas de exponer lo entendido: dando una charla, por escrito, por gestos... También podemos defender nuestra versión hasta sus últimas consecuencias.

Sería también muy interesante aplicar este juego entre niños de diferentes culturas, ya que es cuando se encontrarían mayores diferencias, lo que favorecería la tolerancia entre ellos y el desarrollo de actitudes de integración de los recién llegados.

¿CONOCES EL SECRETO?

✓ *Material:* Una vela y un embudo, por un lado, y un billete de poco valor, por otro.
✓ *Edad:* A partir de seis años.
✓ *Objetivos:* Motivar la observación, el cambio de hipótesis, el discurrir, el razonar. Estimular la persistencia ante el desánimo y el interés por correr ciertos riesgos.
✓ *En qué consiste:* Son un par de juegos con truco que hay que descubrir. Se pone en práctica por varios jugadores, mientras el resto observa y luego participa. Se trata de saber coger un billete al vuelo. Se toma un billete con el índice y el pulgar, y se pone en vertical. Quien lo tiene agarrado, lo suelta sin previo aviso y el otro, según sus reflejos, ha de intentar atraparlo. Seguramente se dará cuenta de que no puede después de varios intentos. ¿Dónde está el secreto? Una vez que todo el mundo lo haya intentado, posiblemente en vano, se descubre el por qué. Y es que, sencillamente es casi imposible: el reflejo ojo-mano tiene un tiempo de reacción, en las personas más o menos normales, de 0,17 segundos, tiempo suficiente para que un billete haya pasado de largo cuando se logra cerrar los dedos. Si probamos con un papel más largo, es más fácil pillarlo.

En cuanto a la vela y el embudo, hemos de tratar de apagar la vela soplando a través de un embudo. Damos la vela encendida y el embudo a algún voluntario; si no sale ninguno, no hay problema, lo elegimos nosotros. El voluntario tiene que soplar por la parte estrecha del embudo y conseguir apagar la vela. Quien organiza el juego sostiene la vela en el centro de la parte más ancha del embudo. Generalmente no se apaga. ¿Por qué? Pues muy sencillo, porque el aire soplado sigue la prolongación de los bordes del embudo y no el eje central, en el cual está situada la vela.

MACEDONIA

- ✓ *Material:* Tantas sillas como participantes.
- ✓ *Edad:* A partir de seis años.
- ✓ *Objetivos:* Motiva el estar atento y el saber buscar con ojo rápido un espacio. Es un gran estimulante en general pero, especialmente, estimula el divertirse, el moverse, el correr...
- ✓ *En qué consiste:* No es más que un tradicional juego en corro, donde alguien queda de pie en el centro. Cada participante será una fruta determinada. Pueden repetirse varias manzanas o naranjas. Quien se queda en el centro simplemente enumera las frutas con las que se va a preparar una macedonia. Todos los nombrados salen de su sitio, sin poder volver a él, y se buscan otra silla. Quien no encuentra asiento queda en el centro y dice, a su vez, de qué frutas va a hacerse la macedonia.
- ✓ *Variantes:* Podemos jugar al mismo juego pero a cámara lenta. Nos imaginamos que todas las frutas están congeladas y hasta que no empiezan a descongelarse no pueden empezar a andar de una forma muy lenta.
Otra versión es la de pelar las frutas. Es decir, los participantes empiezan con mucha ropa (se ponen varios jerséis, camisetas o chaquetas). Cada vez que se menciona su fruta, o que se queda en el centro, tiene que quitarse una cáscara o piel, es decir, una prenda.

A LAS BUENAS O A LAS MALAS

- ✓ *Material:* Periódicos viejos para enrollar a modo de palo para sacudir a los animales de carga, en caso de que no obedezcan.
- ✓ *Edad:* A partir de siete años.
- ✓ *Objetivos:* Aprender a dirigir a un grupo de personas. Observar, buscar alternativas y solución a problemas. Tomar contacto con tus emociones y ver cómo te sientes cuando te tratan de una forma tiránica y agresiva, y cómo te sientes cuando te tratan con respeto. Estimular la capacidad de fuerza, de

tensión y de relajación, la creatividad y la resistencia a la frustración, el dominio y la sumisión.

✔ *En qué consiste:* Necesitaremos un espacio amplio para hacer una carrera. Se trata de ver quién tiene la habilidad para ejercer el poder sobre los animales de carga. Se piden voluntarios para ser animales, que pueden ser burros, camellos, elefantes, caballos, etc. Los amos de los animales se integraran en equipos de tres o cuatro personas por cada animal de carga. Se separan a los animales y, en secreto, se les dae una consigna. Los animales sólo se moverán por las buenas, con palabras o gestos que los estimulen a seguir adelante. Por las malas, es decir con empujones, insultos y palos, ¡no se moverán! A los amos se les avisa que, para ganar la carrera, no podrán cargar el animal en brazos y llevarlo a la meta. Se trata de una carrera para ver quién es la persona que mejor sabe mandar, con respeto y firmeza, título que ganará el equipo que haga llegar primero a la meta a su animal y sólo por las buenas. El animal avanza a cuatro patas. Al final se efectúa un descanso y se hacen comentarios sobre cómo ha ido toda esta aventura, cómo se han sentido los animales y sus amos.

¿CÓMO TE LLAMAS?

✔ *Material:* Un balón por grupo.
✔ *Edad:* A partir de cinco años.
✔ *Objetivos:* Romper el hielo y fortalecer la memoria. El conocerse y establecer el inicio de una relación. Estimular la habilidad corporal, la confianza y la comunicación.
✔ *En qué consiste:* Se hacen grupos de no más de diez personas, las cuales se sientan en el suelo formando un círculo. A cada grupo, si hay varios, se le da un balón. Se explica el juego, que consiste en ir pasando el balón de unos a otros. Quien recibe el balón dice su nombre. Cuando ya se han realizado varias vueltas y todos han dicho su nombre varias veces, quien ahora tiene el balón lo arroja a cualquiera del grupo y éste que lo recibe tiene que decir el nombre de quien se lo tiró, y así sucesivamente. El juego acaba cuando todos saben los nombres de todos.

DAME TU MANO Y TU NOMBRE

✔ *Material:* Ninguno.

✓ *Edad:* A partir de ocho años.

✓ *Objetivos:* Romper el hilo y memorizar, estimular el esfuerzo mental y el acercamiento a otras personas de forma relajada.

✓ *En qué consiste:* Todos los participantes están diseminados por la sala. Cuando el organizador del juego da una señal, todos empiezan a andar por la sala y cuando alguien se encuentra de cara con otro, se estrechan la manos y se presentan tranquilamente. Después de un rato, se para el juego y cada uno debe intentar recordar todos los nombres posibles.

✓ *Variante:* Aún puede resultar más divertido si, en vez de ir andando, los participantes se mueven a cuatro patas.

¡UY, QUÉ LÍO!

✓ *Material:* Ninguno.

✓ *Edad:* A partir de seis años.

✓ *Objetivos:* Fomentar el desarrollo en grupo y la confianza entre las personas o la relación. Estimular la destreza, la habilidad corporal y el acercamiento.

✓ *En qué consiste:* Todas las personas que participan del juego se cogen de las manos para formar una cadena humana. El primero de la cadena se mete entre otras personas intentado enredar la cadena. El resto sigue al primero procurando no soltarse de las manos para no romper la cadena. El lío acaba cuando los miembros están muy cerca unos de otros y ya resulta casi imposible de seguir. Una persona voluntaria que había quedado fuera de la cadena será la encargada de desenredar al grupo por medio de instrucciones y sin tocarlos.

¡VAYA MONTAÑA!

✓ *Material:* Ninguno.

✓ *Edad:* A partir de cuatro años.

✓ *Objetivos:* Romper el hielo y fomentar la confianza, estimular el contacto y la comunicación.

✓ *En qué consiste:* Todos los participantes se tumban boca abajo, cierran los ojos y empiezan a moverse reptando, explorando la sala; al tocar la pared deben dirigirse como puedan y según su orientación hacia el centro, donde empezarán a encontrarse. Allí, con cuidado irán amontonándose unos encima de otros, hasta formar un montículo en el centro, y allí empezarán a abrir los ojos.

✔ *Variantes:* Todos van hacia el centro con los ojos cerrados para formar directamente cadenas.

¿HACEMOS UN GRUPO?

✔ *Material:* Ninguno.
✔ *Edad:* A partir de tres años.
✔ *Objetivos:* Facilitar la formación de grupos, mantenerse activo y con la mente despierta, estimular la sociabilidad y los reflejos.
✔ *En qué consiste:* Este juego es ideal para formar grupos a la hora de organizar un juego que lo requiere. Todos los participantes andan por la sala, hasta que el organizador dice un número, por ejemplo, el tres, y todos se juntan en grupos de tres cogiéndose de las manos y levantándolas en el aire. El organizador intentará elegir un número que no deje a personas sueltas, sin poder entrar en un grupo.
✔ *Variantes:* Lo mismo, pero con los ojos cerrados, en silencio y a cámara lenta.

TICK TOCK

✔ *Material:* Dos objetos pequeños pero distintos, como una pelota y una cajita.
✔ *Edad:* A partir de siete años.
✔ *Objetivos:* Romper el hielo, estimular la concentración y la comunicación entre los miembros del grupo.
✔ *En qué consiste:* El organizador coge la pelota y la pasa a su derecha, a la vez que dice «esto es un tick». El segundo jugador pregunta «¿un qué?», y el organizador responde «un tick». El segundo jugador, entonces, pasa la pelota al siguiente diciendo «esto es un tick»; el tercer jugador pregunta «¿un qué?», y el segundo jugador pregunta al organizador «¿un qué?; el organizador vuelve a responder «un tick». La pregunta «¿un qué?» debe volver siempre al monitor y la respuesta «un tick» debe llegar al último antes de pasar la pelota.
✔ *Variantes:* Cuando se haya practicado varias veces, se complica un poco al mandar el otro objeto, la cajita, por la izquierda diciendo «esto es un tock».

¡TODOS A BORDO!

✔ *Material:* Ninguno.
✔ *Edad:* A partir de seis años.

✔ *Objetivos:* Romper el hielo, moverse, estimular la concentración, la destreza motora, la rapidez y la tolerancia a la frustración.

✔ *En qué consiste:* Todos los participantes forman una fila india en el centro de la sala. Cuando el organizador grite «¡a estribor!», todos correrán hacia la derecha. Cuando grite «¡al puerto!», todos correrán hacia la izquierda. Si grita «¡al barco!», todos vuelven al centro inicial. El último en llegar es eliminado.

✔ *Variantes:* Al principio conviene hacerlo despacio, pero poco a poco se va acelerando el ritmo de las órdenes.

«Mi hijo se cansa enseguida de los juguetes que le compramos»

[Aburrir los juguetes]

Qué ocurre exactamente

Posiblemente a su hijo le gusten los juguetes que precisamente usted considera poco idóneos y adecuados. Por ejemplo, las pistolas, las espadas u otros juguetes bélicos resultan muy atractivos para un niño activo y con una gran imaginación. Puede ocurrir también que no soporte los juguetes a pilas, que al poco tiempo dejan de funcionar correctamente o, simplemente, dejan de funcionar.

Algunos juguetes no son los más adecuados para favorecer el juego del niño. Quizá usted no pueda soportar esas muñecas estilizadas y presuntuosas, pero antes de descartar un juguete, analice tranquilamente el porqué de su rechazo; puede ocurrir que el juguete sea adecuado para su hijo pero que exista en usted un motivo emocional que le impida reconocerlo. Investigue si su recelo está basado en un miedo o creencia pasada que ya carece de validez, en las propias frustraciones de la infancia o en lo que usted no pudo tener.

No sólo las niñas, sino también los niños, juegan hoy en día con muñecas, pero es verdad que algunos padres aún no lo ven bien. Los expertos están de acuerdo en afirmar que el hecho de ejercer el rol de padre con un muñeco es tan importante como lo es el de madre en el caso de las niñas. Si tiene dudas, consulte con su pediatra o un psicólogo. No diga nunca «no» con demasiada rapidez. Aunque le represente un gran esfuerzo procure permanecer flexible. Cuando se oponga a un determinado juguete es importante que sea consciente y se haya cuestionado el motivo. Si no lo tiene claro respecto a un juguete que le pide su hijo, diga simplemente: «Deja que me lo piense, ya te diré algo».

Cómo actuar

Si su hijo va detrás de un juguete que a usted no le gusta en absoluto, evite crear falsas esperanzas y dígaselo, en cuanto usted lo tenga claro, para que no espere el juguete en vano. Por ejemplo, puede actuar del siguiente modo:

✓ Primero, identifique sus sentimientos y, luego, muestre su comprensión y su empatía: «Inés, ya sée que te lo pasaste muy bien jugando con la cocinita de Mónica en su casa. ¿Te gustaría tener una igual, verdad?».
✓ El segundo paso es la negación de adquirir ese juguete. Déle buenas razones para justificar su negativa a comprar ese juguete y evite siempre un «porque yo lo digo». En cambio, sí puede decir algo así: «Cariño, la cocinita que tú quieres es muy cara y necesita mucho espacio. Tú sabes que no tenemos mucho dinero ni tampoco mucho espacio en casa».
✓ El tercer paso permite otra alternativa para dar una salida positiva a esa frustración: «Si quieres, pensaremos en otra cocinita, más sencilla y pequeña. El sábado podemos ir a mirar escaparates para ver si hay alguna que nos guste».

Deje siempre bien claro qué tipo de juguetes no desean en su casa y qué otros se pueden comprar si su hijo ahorra un poquito y, además, es capaz de mantenerlos.

No sea rígido, siempre es más fácil para todos si se deja llevar por cierta flexibilidad. Si, por ejemplo, usted y su hijo van a visitar a un amigo, cuyo hijo tiene una escopeta de juguete, dé por seguro que la deseará con empeño, si además no le permite tener escopetas en casa.

Dedique un poco de tiempo para enseñar a su hijo cómo se coge y cómo se juega con ella: «David, cuando juegues con la escopeta nunca debes apuntar a nadie, es mejor que apuntes a una piedra o a un árbol». Respire hondo y reláje-se o tendrá el problema derivado del «fruto prohibido».

También la flexibilidad sirve a veces para aumentar la responsabilidad: «David, vamos a hacer un trato. Puedes tener una escopeta si tienes siempre en cuenta los consejos que te damos y las normas que existen en casa. Si no es así y empezamos a tener problemas, devolveremos la escopeta o sencillamente irá a la basura».

En los momentos en que su hijo juega con juguetes aceptados por usted, muestre su entusiasmo y juegue un buen rato con él. Enséñele a usarlos y disfruten juntos utilizándolos.

Consejos útiles

✔ Decida en su familia, atendiendo los consejos de algún experto, qué tipo de juguetes son permisibles y cuáles no. Si entre todos no lo tienen claro, puede ocurrir que un día papá se presente a casa con una pistola sin saber lo poco que le gustan a mamá. O mamá puede comprarle una muñeca al niño sin que al padre le haga mucha gracia. O es posible que la abuela compre, con toda la ilusión del mundo, la última muñeca del mercado, que por cierto es carísima y va con pilas, después de que usted tenga muy claro que en su casa no entran las muñecas de moda. Estas situaciones son difíciles para los niños porque se convierten en el centro de un problema mayor.

✔ Vaya con su hijo a varias jugueterías y explíquele porque le gustan a usted unos juguetes y otros no. De esta forma su hijo irá tomando conciencia de unos valores que hasta entonces no se había planteado.

✔ Procuren ser abiertos y piensen que en la variedad está el acierto, que la diversidad de juguetes y juegos permite exteriorizar la multiplicidad de facetas del niño, aunque, sin duda, también se encuentran juguetes inaceptables en el mercado.

«Cuando voy a comprar un juguete nunca sé si es el más adecuado para mi hijo»

[Preferencias del niño por ciertos juguetes]

Qué son los juguetes exactamente

Según el Departamento de Pedagogía del Instituto Tecnológico del Juguete, «el juego es imprescindible para el correcto desarrollo infantil porque estimula, favorece y posibilita todo tipo de aprendizajes. El niño/a no sólo ha de aprender los colores, los números u otros contenidos escolares relacionados con el desarrollo intelectual, sino que ha de desarrollarse y evolucionar también en otros aspectos muy importantes como la coordinación de los movimientos, el lenguaje, la socialización, el desarrollo emocional... Es importante saber que los distintos tipos de juguetes contribuyen a favorecer estos aprendizajes y los adultos hemos de esforzarnos en proporcionar juguetes suficientes, adecuados y variados que posibiliten un desarrollo integral de la personalidad del niño/a».

«El juguete siempre se regala, no se impone, y observar a nuestros hijos e hijas puede que sea la mejor guía para saber qué les interesa, les conviene o les resultará más útil. Observémosles y pensemos antes de elegir».

QUÉ ES JUGAR

Jugar es divertirse, aprender, soñar, descubrir, crear, comunicarse, imaginar, relacionarse, reflexionar, imitar, inventar, negociar, desarrollarse, disfrutar y... muchas cosas más, por lo que cada vez que jugamos aprendemos y nos desarrollamos física, psíquica y emocionalmente. Jugar nos enseña a conocer el mundo, a manejarnos con él, nos enseña también a ser personas y a amar la vida, porque sin juegos la vida ya no sería vida, sino más bien lo contrario.

Jugar con muñecas

Destacamos este juguete, hasta hace poco exclusivo de las niñas, por las infinitas posibilidades de juego que presenta y que actualmente aprovechan las escuelas y otros centros educativos y lúdicos.

En el ámbito de la identidad y la autonomía personal:

✓ El juego con muñecas y muñecos favorece el conocimiento del propio cuerpo. Permite identificar sus características y ayuda a asimilar el esquema corporal.
✓ Jugando con muñecos de diferente sexo, raza, etc. se estimula la interiorización de las diferencias y semejanzas con respecto a uno mismo.
✓ Los muñecos con accesorios (pañales, peines...) permiten trabajar hábitos de higiene, control de esfínteres, etc.
✓ Estos juegos estimulan la expresión de sentimientos y emociones.
✓ Vistiendo y desvistiendo a los muñecos se ejercita la coordinación y el control de habilidades manipulativas de carácter preciso.
✓ Favorece la creación y reproducción de situaciones relacionadas con la alimentación.

En el ámbito del medio físico y social:

✓ Permite trabajar conceptos relacionados con los primeros grupos sociales (la familia), reproducir roles, acciones, estilos de relación entre personas, etc., interiorizando normas elementales de convivencia y desarrollando el pensamiento social infantil.
✓ Favorece la manipulación de objetos cotidianos para familiarizarse con ellos y adquirir vocabulario nuevo.

En el ámbito de la comunicación y la representación:

✓ Estimula la expresión verbal, desarrollando el lenguaje y afianzando el vocabulario.
✓ Favorece la comprensión de intenciones comunicativas, la producción de mensajes, la utilización de normas que rigen los intercambios lingüísticos, etc.

Consejos útiles

✓ Tener en cuenta la edad y las capacidades del niño.
✓ Partir de las preferencias del niño y no de los gustos del adulto.
✓ Regalar juguetes variados que faciliten el desarrollo de todas las capacidades del niño.

- ✓ Repartir los regalos de juguetes durante todos los meses del año.
- ✓ Ser críticos con la publicidad y educar a los niños en ello.
- ✓ Orientarnos con las indicaciones pedagógicas y de edad que se suelen incluir en los envases.
- ✓ Buscar y respetar las indicaciones de seguridad.
- ✓ No hacer distinciones en cuanto al sexo del destinatario.
- ✓ Ser conscientes de que todos los juguetes pueden enseñar algo.
- ✓ Regalar juguetes en los que el protagonista sea el niño o la niña, no el propio juguete.

«A mi hijo le cuesta la educación física, ¿qué deportes podrían ayudarlo más?»

[Movilidad infantil]

De 3 a 6 años

Qué ocurre exactamente

Hoy en día hay tantas formas de practicar deporte que es lógico que los padres se sientan confundidos. Si su hijo está en edad preescolar puede aprender a esquiar, nadar, bailar o hacer gimnasia, por ejemplo. Hacia los cinco años comienza la práctica de deportes de grupo, tipo fútbol, béisbol, balonmano o incluso baloncesto. Ante este panorama es fácil sentirse inseguro e incluso culpable: «¿Estoy haciendo lo que debo hacer?» «¿Qué edad es la mejor para comenzar a practicar deporte?» «¿Qué programa es el más adecuado?» «¿Es bueno que insista?». Son sólo algunas preguntas que muchos padres se plantean con angustia.

En los primeros años de vida es cuando se establecen los esquemas sobre alimentación, ejercicio físico y práctica deportiva. Las clases de deporte son también una buena posibilidad para que conozcan amigos nuevos, aprendan a separarse de los padres, traten a diferentes niños y escuchen a otros adultos. Un buen profesor o monitor enseñará a escuchar, a comunicarse y a adquirir un autocontrol muy necesario para la autoestima de su hijo. Es decir, le enseñarán todo un conjunto de habilidades psicosociales que lo ayudarán a relacionarse con sus semejantes.

Cómo actuar

Antes de elegir una actividad deportiva, tenga presente varias cuestiones como las siguientes:

- ✓ ¿Se apuntará su hijo con algún amigo?
- ✓ ¿Tendrá un monitor enérgico, positivo y estimulante? Evite los monitores demasiado teóricos y los grupos grandes que requieren aguardar mucho tiempo sentado esperando turno.
- ✓ ¿Existen unas normas de seguridad correctas?
- ✓ ¿El horario de la práctica de este deporte es adecuado para su hijo? Algunos niños salen cansados del colegio y necesitan merendar y descansar un poco antes de hacer otra cosa.
- ✓ Personalidad del niño: si se trata de un niño introvertido, inhibido o inseguro de sí mismo es aconsejable la práctica de deportes en equipo (fútbol, baloncesto, etc.), y no en solitario, para que aprenda a conocer sus posibilidades y sus capacidades de participación en el equipo. Por el contrario, si se trata de un chico extravertido, de incansable motor pero dispersa atención, le estarán más indicados los deportes que impliquen concentración y un control preciso de movimientos, como la natación, el tenis, el tenis de mesa, etc.

No se pasen en las actividades a realizar. Es suficiente hacer alguna y disfrutarla. Su hijo también necesita disfrutar de tiempo libre, no estructurado, para jugar solo, con sus hermanos o amigos.

Antes de apuntar a su hijo, observe la clase con él. Si su respuesta es negativa, no lo obligue, tal vez deba esperar unos meses más. Su hijo responderá mejor si ha podido elegir él la actividad y se compromete a realizar todo el curso.

Si su hijo, a medio curso, se queja y no quiere continuar las clases diga sencillamente: «Aitana, hemos pagado todo el curso que tú querías y hay que acabarlo». El monitor es el responsable de tratar a su hijo durante la clase. Un buen monitor nunca fuerza a los niños. A su hijo le irá bien estar en el grupo, aunque sólo sea para observar. Pero si a pesar de su insistencia y de sus intentos de remotivarlo para que siga acudiendo a las clases, su hijo no desea ir porque la clase se le vuelve una tortura o un agobiante aburrimiento, respete su deseo de no acudir más. Si usted sigue insistiendo, sólo conseguirá que acabe aborreciendo, de por vida, la práctica de ese deporte.

Consejos útiles

Véanse los consejos para niños de 7 a 12 años.

De 7 a 12 años

Qué ocurre exactamente

Cuando su hijo comience la primaria, las posibilidades de elección irán en aumento. Actualmente existen cursos de muchos deportes, ya sea en grupo o individuales. Tanto a los niños como a las niñas les conviene mucho participar en alguna actividad de grupo a esas edades. El juego en equipo enseña a cooperar. Los niños autoritarios o que tienen problemas a la hora de jugar con otros niños destacarán mucho en un equipo de fútbol y aprenderán a tener en cuenta la opinión de los demás. Tanto el ganar como el perder son lecciones importantes en la vida, y los deportes de grupo ofrecen un terreno muy saludable para trabajar el tema de la competitividad. Para ello es necesario contar con un buen entrenador, que se concentre en las habilidades básicas, que reconozca y valore aquello que los niños hacen bien y que fomente el trabajo de grupo. Los padres suelen tener también un papel activo en la formación deportiva de su hijo: procure no forzarlo a que elija una actividad que le gusta a usted. Es él quien debe elegir y no sus padres.

Cómo actuar

La competición constituye una experiencia temible para muchos niños hasta que llegan a una cierta edad, pero si el entrenador es una persona enérgica, entusiasta y positiva, el temor se irá suavizando. A esta edad, lo más importante ha de ser participar, más que ganar: aprender la técnica, trabajar en equipo y saber ser deportivo.

Cuando asista a algún partido de su hijo, anime a todo el equipo y no sólo a su hijo: «¡Bien por el equipo de los rojos! ¡Buena jugada! ¡Adelante!». Si ganan, puede decir: «Os habéis esforzado mucho, estáis muy compenetrados como equipo». Si, por el contrario, pierden: «Lo habéis intentado, pero a veces se gana y otras se pierde. ¿Cómo podéis mejorarlo para el partido de la semana que viene?».

Evite las críticas, aunque usted las considere positivas. Quizá piense que sus consejos son útiles, pero el resultado será negativo si nadie se los pide. Permita que la información la dé su monitor o entrenador.

Consejos útiles

✔ No dude en jugar con su hijo. Si durante la semana tiene poco tiempo por el trabajo, el fin de semana puede ser ideal. No importa el juego, ya sea fútbol, lanzar pelotas a un aro, patinar, correr, saltar con una cuerda o una goma, todo vale si el ambiente es divertido y alegre. No pretenda dar grandes lecciones, lo importante es que se lo pasen bien juntos.

✔ En vez de obsesionarse con la perfección, preocúpese de que su hijo piense y razone, de que sea juicioso, se esfuerce y mejore poco a poco. Identifique las habilidades de su hijo y hágale saber todo lo que ya ha aprendido y el camino que aún le queda por recorrer.

✔ Procure ser un progenitor alegre y activo cuando juegue con su hijo. Las posibilidades son infinitas: bicicleta, natación, esquí, caminatas, carreras... Quizá piense que con permanecer sentado frente a la televisión mirando un programa deportivo ya es suficiente para que el niño disfrute con la actividad de otros y se estimule su forma de pensar. Pues, como ya se habrá imaginado, no es suficiente.

Índice alfabético de temas

Índice

EL NIÑO Y SU RELACIÓN CON LOS DEMÁS Y CON EL ENTORNO